HEYNE
JAHRGANGSBÜCHER

In der Reihe ***Heyne-Jahrgangsbücher***
sind bereits erschienen:

das war 1918
das war 1922
das war 1931
das war 1933
das war 1939
das war 1942
das war 1945
das war 1948
das war 1949
das war 1951
das war 1962

DIETER STRUSS

das war 1914

FAKTEN · DATEN · ZAHLEN · SCHICKSALE

Originalausgabe

WILHELM HEYNE VERLAG
MÜNCHEN

Bildnachweis: Die Abbildungen auf dem Schutzumschlag und im Text ab Seite 105 stellte freundlicherweise der Bilderdienst des Süddeutschen Verlages, München, zur Verfügung. Alle anderen Fotos: Ernst A. Struss. Die Anzeigen sind der Tagespresse entnommen. Die Erlaubnis zum Abdruck der Karikaturen erteilten freundlicherweise: Herr Fritz Arnold für Karl Arnold, Frau Dagny Gulbransson für Olaf Gulbransson, die VG Bild-Kunst für Th. Th. Heine und Herr Dr. Justin v. Kessel für E. Thöny.

Idee: Will Berthold

Produktion: Dr. Dieter Struss GmbH, Grafing bei München
Layout: Helmut Burgstaller
Umschlaggestaltung: Atelier Heinrichs & Schütz, München

Printed in Germany 1982
Satz: IBV Lichtsatz KG, Berlin
Druck und Bindung: Presse-Druck, Augsburg
ISBN 3-453-01617-3

Inhaltsverzeichnis

Kunst und Literatur, Verschiedenes

Der Krieg

Kalendarium 1914

Der Ostersonntag fällt in diesem Jahr auf den 12. April,
der Pfingstsonntag auf den 31. Mai.

	Januar	*Mai*	*September*
S	4 11 18 25	3 10 17 24 31	6 13 20 27
M	5 12 19 26	4 11 18 25	7 14 21 28
D	6 13 20 27	5 12 19 26	1 8 15 22 29
M	7 14 21 28	6 13 20 27	2 9 16 23 30
D	1 8 15 22 29	7 14 21 28	3 10 17 24
F	2 9 16 23 30	1 8 15 22 29	4 11 18 25
S	3 10 17 24 31	2 9 16 23 30	5 12 19 26

	Februar	**Juni**	**Oktober**
S	1 8 15 22	7 14 21 28	4 11 18 25
M	2 9 16 23	1 8 15 22 29	5 12 19 26
D	3 10 17 24	2 9 16 23 30	6 13 20 27
M	4 11 18 25	3 10 17 24	7 14 21 28
D	5 12 19 26	4 11 18 25	1 8 15 22 29
F	6 13 20 27	5 12 19 26	2 9 16 23 30
S	7 24 21 28	6 13 20 27	3 10 17 24 31

	März	*Juli*	*November*
S	1 8 15 22 29	5 12 19 26	1 8 15 22 29
M	2 9 16 23 30	6 13 20 27	2 9 16 23 30
D	3 10 17 24 31	7 14 21 28	3 10 17 24
M	4 11 18 25	1 8 15 22 29	4 11 18 25
D	5 12 19 26	2 9 16 23 30	5 12 19 26
F	6 13 20 27	3 10 17 24 31	6 13 20 27
S	7 14 21 28	4 11 18 25	7 14 21 28

	April	*August*	*Dezember*
S	5 12 19 26	2 9 16 23 30	6 13 20 27
M	6 13 20 27	3 10 17 24 31	7 14 21 28
D	7 14 21 28	4 11 18 25	1 8 15 22 29
M	1 8 15 22 29	5 12 19 26	2 9 16 23 30
D	2 9 16 23 30	6 13 20 27	3 10 17 24 31
F	3 10 17 24	7 14 21 28	4 11 18 25
S	4 11 18 25	1 8 15 22 29	5 12 19 26

Einleitung

Zu Beginn des Jahres 1914 werden einige Zahlen für das Jahr 1913 veröffentlicht, z. B. sind 10500 Kindesmißhandlungen gerichtskundig geworden, 5% der Autofahrer, die einen Unfall verursachten, begingen mit Erfolg Fahrerflucht. Es ist richtig, daß die Zeit zwischen 1871 und 1914 – das sind immerhin 43 Jahre! – für Deutschland, ja, für Europa (und »Europa« heißt damals beinahe noch: für die ganze Welt) eine Zeit des Friedens und des zunehmenden Wohlstandes war. Die Industrie wuchs mit dem Fortschritt der Naturwissenschaften, die Arbeiter erhielten zumindest einen Anteil am Wachstum in Form der Sozialversicherungen. Jeder konnte die Grenzen ohne irgendwelche Formalitäten überschreiten, die Welt war noch groß und weit (es gab sogar noch unentdeckte Regionen), der kulturelle Austausch, etwa zwischen Deutschland und Frankreich, war, trotz des nationalen Vorurteils von den »Erbfeinden«, reich und völlig unbehindert.

Eine ideale Welt war es trotzdem nicht. Das Bild wird nicht so sehr dadurch getrübt, daß man gerade erst jetzt den Erreger der Gelbsucht entdeckt, erst jetzt Seren gegen Diphtherie und Tetanie herstellen, erst jetzt Syphilis und Typhus erfolgreich bekämpfen kann und sich dank der neuartigen Verwendung von Radiumstrahlen utopischer Hoffnungen im Hinblick auf die Krebsbekämpfung hingibt. Das Bild wird vielmehr verdunkelt, wenn man erfährt, daß die Zulassung einer Studentin zu einer Vorlesung von einer besonderen Genehmigung des jeweiligen Professors abhängig ist oder daß durch das Wahlrecht einfache Leute ziemlich stark benachteiligt werden. Schließlich gibt es auch noch eine kaiserliche Zensurbehörde, die durchaus aktiv ist.

Nicht zuletzt werden in den Zeitungen dieses Jahres, bevor der große Krieg beginnt, immer wieder Probleme behandelt, die uns heute außerordentlich bekannt vorkommen. Da ist die Rede von ausgestorbenen Tieren, von verpesteter Luft, von unerträglichem Lärm, und die Seismometer messen plötzlich nicht mehr allein Erdbeben, sondern frühmorgens das Erwachen der Großstädte, die vorbeirumpelnden Lastwagen, den Fall der Dampfhämmer und den Marschtritt der Kolonnen. Manche Maßnahmen gegen die Schäden der modernen Zivilisation wirken freilich noch etwas kindlich, so etwa, wenn Rauch und Lärm von privaten Vereinen bekämpft werden (oder soll man in diesen Vereinen Vorläufer der Bürgerinitiativen sehen?) oder die Denkmäler mit warmem Wasser und einem weichen Lappen gereinigt werden (Arbeitskräfte waren reichlich vorhanden und billig).

Davon unberührt ragt, für die meisten Deutschen noch selbstverständlich, die aus dem Mittelalter überlieferte Monarchie, vertreten durch Kaiser Wilhelm II., in die moderne Welt hinein. Dieser Kaiser interessiert sich für mittelalterliche Burgen (er hat ja auch eine Burg, Hohkönigsburg im damals deutschen Elsaß, großartig wiedererrichten lassen) und er wird zu Beginn des Krieges den *Burgfrieden,* den Frieden zwischen den Parteien und den Sozialpartnern, verkünden. Diese Romantik wirkt etwas unzeitgemäß, wenn gleichzeitig das moderne Verkehrs- und Kommunikationsnetz immer engmaschiger die ganze Welt umspannt und ein neues internationales Vergnügen, der Stummfilm, alle Völker erheitert. Ein großer Star beginnt in diesem Jahr seine Karriere, Charlie Chaplin, der bald auch den deutschen Kaiser parodieren wird.

Wie widersprüchlich die verschiedenartigen Strömungen sind, wird noch deutlicher, wenn man einen Blick auf die Kunstszene wirft. Neben der offiziellen Kunst, die von den Monarchen gefördert wird, blüht der Expressionismus in Deutschland (*Blauer Reiter, Brücke* usw.), der Kubismus in Frankreich (Picasso, Braque usw.), in Italien toben sich die Futuristen aus, in Moskau die Konstruktivisten. Spaltungen *(Sezessionen)* zwischen Alt und Neu, zwischen Modern und vielleicht noch Moderner sind an der Tagesordnung. Die Zerstörung der vertrauten, wiedererkennbaren Bildwelt wirkt auf viele Menschen wie eine Vorwegnahme des heraufziehenden Krieges (zu dem sich viele Künstler freiwillig melden, noch mehr eingezogen werden und in dem einige schon in den ersten Wochen umkommen – Löns, Macke, Stadler u. a.).

War denn nun dieses Vorkriegsdeutschland ein militaristischer Staat, ein Staat, der dem Militär alles nachordnet? Vieles, was man heute, in der Rückschau, über das alte Reich und die angeblich »goldenen Zeiten« liest, erweckt in keiner Weise diesen Eindruck. Tatsächlich ist die gesellschaftliche Stellung des Militärs damals so selbstverständlich, daß sie dem Zeitgenossen wie dem heutigen Betrachter nur auffällt, wenn Affären bekanntwerden (wie z. B. der Hauptmann von Köpenick 1906 oder die Zabern-Affäre 1913). Sie tritt fernerhin in dem martialischen Aufputz, den der Kaiser liebt, in Erscheinung, in seinen ungeschickten Äußerungen sowie in seiner überzogenen Flottenpolitik und wird auch erkennbar in der langfristigen Schlachtenplanung, die ohne jedes Gefühl für psychologische Wirkungen von dem Durchmarsch durch neutrale Länder (Luxemburg und Belgien) ausgeht. Zwar ist die Akzentuierung des Militärs und seiner Aufgaben im Vergleich zu anderen Ländern nur graduell stärker, aber eben doch sichtbar.

Wer hat diesen Krieg gewollt? Viele haben ihn kommen sehen, er lag, sozusagen, in der Luft, keiner hat ihn verhindert, und der deutschen Führung muß man zumindest den Vorwurf machen, daß sie ihn sehenden Auges in Kauf genommen hat.

Letzten Endes ist dieser Krieg auf eine sich immer mehr steigernde Aufrüstung zurückzuführen. Diese Aufrüstung wiederum wird nach dem Verfall des Bismarckschen Bündnissystemes notwendig. Deutschland fühlt sich eingekreist, obwohl es durch Unachtsamkeit selbst diesen Effekt verursacht hat; Frankreich, Großbritannien und Rußland fühlen sich durch die deutsche Aufrüstung bedroht, Großbritannien besonders durch die neue deutsche Flotte, Frankreich hat zudem noch die Rechnung von 1870/71 zu begleichen. Niemand durchbricht diesen Teufelskreis.

In den Zeitungen wird bei Kriegsausbruch gern die Lebenserfahrung der Forstleute zitiert, daß ein Baum, bevor er stirbt, noch einmal besonders schön blüht – tatsächlich war der Winter dieses Jahres extrem kalt, der Sommer, wenn auch verspätet, wunderbar (so daß die Soldaten in den ersten Kriegswochen zeitweise unter einer dörrenden Hitze werden kämpfen müssen).

Der Krieg muß hier nicht im einzelnen nacherzählt werden. Es kam alles ganz anders als geplant. Der schnelle Vorstoß im Westen ging anfangs nahezu glatt vonstatten, Lüttich, mit den stärksten Forts der Welt, wurde mit nur 2 Tagen Verspätung genommen, die Marne überschritten, Paris bedroht. Dann aber gelang es Franzosen und Briten gemeinsam, die Einkesselung zu verhindern und die deutschen Truppen zurückzuwerfen. Die schnelle Entscheidung im Westen war ausgeblieben, der Stellungskrieg begann.

Im Osten hatten derweilen die Russen Ostpreußen besetzt, wurden jedoch von Hindenburg anschließend in 2 Schlachten vernichtend geschlagen – Siege, die jedoch wiederum nichts einbrachten, weil die Österreicher an ihrer Front zurückgeschlagen wurden.

Zwei neue Waffen machen derweilen von sich reden: das Flugzeug und das U-Boot. Das erstere erlangt noch keine große Bedeutung, die U-Boote hingegen beginnen ihre Aktionen mit einem wahren Paukenschlag: *U 9* unter Otto Weddigen versenkt in einem Angriff 3 britische Panzerkreuzer. Dadurch werden den Briten schlagartig die Möglichkeiten dieser neuen, von ihnen bisher unterschätzten Waffe bewußt, die, umgekehrt, von den Deutschen überschätzt wird.

Im übrigen nützt dem Kaiser seine teure »schimmernde Wehr« nichts. Die Briten schicken ihre Hochseeflotte nicht in den Kampf, sie sperren, einfach und wirkungsvoll, die deutsche Flotte durch Minen in der Deutschen Bucht ein (und verhindern dadurch den deutschen Handel). Das deutsche Ostasien-Geschwader wird auf den Grund des Meeres geschickt. Deutsche Kaperkreuzer sorgen eine Zeitlang für Räuberromantik. Nur 2 deutsche Kriegsschiffe tragen, wenn auch unfreiwillig, etwas Wesentliches zum Kriegsgeschehen bei: Die *Goeben* und die *Breslau* ziehen durch ihre Flucht nach Konstantinopel die Türkei in den Krieg hinein.

Im Zuge der Schlachten finden jedoch 3 Aktionen statt, auf die man gar nicht deutlich genug hinweisen kann, denn sie tragen in einem ungeahnten Ausmaß zu dem Bild eines räuberischen, barbarischen Deutschlands in der Welt bei. Diese sind: der Einfall deutscher Truppen in die neutralen Länder Luxemburg und Belgien (ohne den der von 1905 stammende Schlieffen-Plan nicht durchführbar ist), die Einäscherung der belgischen Stadt Löwen mit seinen unschätzbaren Kulturwerten (als Rache für Aktionen belgischer Heckenschützen) und die Beschießung der berühmten Kathedrale von Reims (deren Turm die Franzosen für die Artilleriebeobachtung nutzen).

Man darf annehmen, daß die anfängliche Begeisterung aller Völker für diesen Krieg nicht nur schnell verraucht, als sich herausstellt, daß er länger als geplante 6 Wochen dauern wird, sondern daß sie auch von intensiven Ängsten begleitet wird. Die unglaublichen Ausbrüche des Hasses auf allen Seiten, die in völligem Widerspruch zu den vorhergehenden »sonnigen« Friedenszeiten zu stehen scheinen, lassen allerdings darauf schließen, daß der lange Frieden auf einer tiefinneren Unsicherheit beruhte.

Die Dokumente der Begeisterung, der Ängste und des Hasses zu lesen, ist heute sehr bedrückend. Noch bedrückender ist die tragische Rolle der SPD innerhalb dieses Hexenkessels der Gefühle. Dieser Krieg muß ihrer Tradition wie ihren Zielen zutiefst widersprechen, und sie kann sich ihm trotzdem nicht entziehen. Sie überlebt diesen Bruch mit ihrer Geschichte (fürs erste) nur, weil sie nach dem Disziplinarmodell ihrer Feinde, des Militärs, der Beamtenschaft und der Kirche, aufgebaut ist.

Nicht minder tragisch ist die Rolle der Juden, die glauben, ihre Stunde, sich als echte Deutsche zu erweisen, sei gekommen, sowie die der Frauen, die alle bisherigen Errungenschaften der Emanzipation über Bord werfen, und der Kirchen, die sich weiterhin in einem unglaublichen Ausmaß vom Staat korrumpieren lassen.

Dies ist jedoch erst der Anfang des Ersten Weltkriegs, der in seinem weiteren Verlauf die bisherige Welt und alle ihre Werte auf den Kopf stellen wird.

Dank gebührt wie immer besonders Herrn Dr. Heinz Starkulla sr. und dem Institut für Kommunikationswissenschaft (Zeitungswissenschaft) der Universität München für ihre freundliche Unterstützung.

Der Frieden

Das sollten Sie unbedingt wissen

In Deutschland werden 10500 Kindesmißhandlungen offiziell gezählt,
in den USA gibt es 10 Kinderrepubliken, in Australien eine Kinderfarm,
die Frauen kämpfen erbittert um ihre Rechte, werden aber meistens noch unterdrückt,
der Alkoholismus ist ein ernstes Problem, das oft gerade die ärmeren Schichten betrifft,
die sozialen Unterschiede sind groß, neben Massen von Wohlfahrtsempfängern stehen Millionäre mit legendärem Reichtum,
es ist, besonders in den USA, üblich, die mit dem Reichtum verbundenen Verpflichtungen in Form von Stiftungen abzuleisten.
Die ganze Welt ist von einem Kommunikationsnetz umspannt, das immer weiter ausgebaut wird,
der Panama-Kanal wird eröffnet,
in den USA beginnt die Elektrifizierung der Eisenbahnen,
bei der Zunahme der Autos wird Fahrerflucht zum Problem,
Flugplätze werden für den Nachtverkehr hergerichtet,
die Automatisierung der Telephonverbindung beginnt,

die drahtlose Telegraphie setzt sich durch,
das Kino ist das neue Freizeitvergnügen der Welt,
Chaplin dreht in diesem Jahr seine ersten (35!) Filme.
Während in der Oldoway-Schlucht in Deutsch-Ostafrika Spuren des ersten Vorfahren der Menschen
und in der Türkei die Kultur der Hethiter entdeckt wird,
wachsen zu Hause die Probleme Naturschutz, Tierschutz, Umweltschutz und Denkmalpflege zu großen Themen heran.
Während Lenin in der Schweiz an den Grundlagen für seine neue Welt arbeitet,
entdecken die Wissenschaftler, daß der Mensch auch Sex hat.

Nachrichten von der Gesellschaft

Kindesmißhandlungen 1. Januar: Innerhalb eines Jahres werden im Reich über 10 500 Kindesmißhandlungen bekannt.

Kinderrepubliken In den USA gibt es derzeit 10 Kinderrepubliken, in Großbritannien 1. In jeder Republik leben etwa 200 Kinder in Gruppen von 8 bis 10 pro Haus, das jeweils von einer Hausmutter verwaltet wird. Jede Republik umfaßt etwa 40 Häuser. Es besteht Arbeitspflicht, jedes Kind muß sich innerhalb des Dorfes seine Arbeit suchen und seinen Lebensunterhalt verdienen. Die Kinder sprechen auch in all ihren Angelegenheiten selber Recht. Die erste Republik gründete der Amerikaner George 1895 in Freeville.

Eine Kinderfarm

Auch in Australien gedeiht seit kurzem eine Kinderfarm, nach dem Muster von 4 Oxford-Studenten, die 4 Jahre zuvor den Plan faßten, Kinder aus den erbärmlichen britischen Waisenhäusern und Armenasylen herauszuholen und zu diesem Zweck die *Kinder-Auswanderungs-Gesellschaft* gründeten.

Im neuesten Sonntagsstaat.

Moderne Frauen

Im Vorjahr haben die Suffragetten in Großbritannien allein durch Brandstiftungen einen Brandschaden in Höhe von 5 Mill. Mark angerichtet (bei 72 Mill. Mark Gesamtschaden durch Brände).
In Wächtersbach im Regierungsbezirk Kassel wird Frau Kolb zur Schützenkönigin gewählt: Zum ersten Mal ist eine Frau beste Schützin.

Die Unterdrückung der Frauen

Die Rassehygieniker beschäftigen sich mit der Frage, ob sich die Emanzipation der Frau günstig auf die Entwicklung der Rasse auswirkt oder nicht. Die meisten kommen zu einem ablehnenden Urteil, weil die Frau im Existenzkampf noch schneller degeneriert als der Mann usw.
In Konstantinopel findet zum ersten Mal ein Ball statt, an dem allerdings keine türkischen Damen teilnehmen.
Unter den jungen indischen Mädchen ist eine Selbstmordepidemie ausgebrochen. Auf diese Weise wollen die Mädchen ihren Vätern ersparen, ihr ganzes Vermögen opfern zu müssen, um einen Ehemann für die Tochter zu ergattern.

Wer ist arm?

Rechte Seite: Junge Damen und Herren, die sich für die Organisation eines Basars zugunsten eines Altenheims zur Verfügung gestellt haben.

In Berlin-Charlottenburg erhalten u. a. die folgenden Personen Armenunterstützung: 3 Apotheker, 3 Chemiker, 4 Zahntechniker, 3 Architekten, 4 Landmesser, 15 Ingenieure, 6 Schriftsteller, 8 Schausteller, 2 Sänger, 4 Kunstmaler, 6 Lehrer, 38 ehemalige Postbeamte, 51 ehemalige Eisenbahnbeamte, 32 Straßenbahnbeamte, 11 Schutzleute, 59 Gastwirte sowie 15 Musiklehrerinnen, 10 Schauspielerinnen, Tänzerinnen usw., 2 Schriftstellerinnen und 55 Geschaftsinhaberinnen und Händlerinnen. Charlottenburg ist ein bürgerlicher Stadtteil mit einer sehr stattlichen Zahl von Millionären.

Der Millionär

Der amerikanische Ölkönig John D. Rockefeller gibt seinem Finanzamt bekannt, daß sein Jahreseinkommen 400 Mill. Mark beträgt.

Das Gehalt ist mitzubringen

Der britische Diplomat und Schriftsteller Sir Arthur Nicolson erläutert die finanziellen Bedingungen der britischen Diplomaten. Danach erhalten britische Diplomaten kein Gehalt, sondern müssen für sich selbst aufkommen. Aufgenommen wird nur, wer ein jährliches Mindesteinkommen von 8000

Mark nachweisen kann. Auf vielen guten Posten kommt man jedoch mit dieser Summe nicht aus, z. B. in St. Petersburg verbraucht ein Attaché sicher 14000 Mark im Jahr.

Amerikanische Stiftungen

Wie jetzt bekannt wird, haben reiche Amerikaner im Laufe des Jahres 1913 1210 Mill. Mark gestiftet, davon 380 Mill. Mark für soziale und 710 Mill. Mark für pädagogische Zwecke.

Der amerikanische Stahlkönig Andrew Carnegie, der als Laufbursche die Legende vom Selfmademan verwirklichte, hat bisher 157 Mill. $ gestiftet.

Eine auffallende Anzeige für einen französischen Likör.

Der Kampf gegen den Alkohol

In Westfalen versucht man, das Trinkgeld durch Milchmarken für 1/4 l kostenloser Milch zu ersetzen, um die Trinksucht einzudämmen. Die meisten Empfänger einer solchen Marke bleiben aber dem Alkohol treu und liefern die Marken zu Hause ab.

In Schweden versucht die Regierung des übermäßigen Alkoholgenusses dadurch Herr zu werden, indem Alkohol nur noch gegen Registrierung und a conto erworben werden kann. Alkoholdelikte gehen sofort zurück.

17. Juni: Ein kaiserlicher Ukas verbietet allen russischen Soldaten den Genuß von Alkohol während ihrer Dienstzeit.

Der Alkoholkonsum in Großbritannien ist in den vergangenen 40 Jahren stark zurückgegangen, bei Bier um 20%, bei Spirituosen und Wein um je etwa 50%. Die Ursache liegt in erster Linie in der Verbesserung der sozialen Lage der Arbeiter. Vom derzeitigen Konsum entfallen über 60% auf Bier, 30% auf Spirituosen, der Rest auf Wein.

Dein Freund und Helfer

In Paris probiert die Polizei die Duft-, Stink- oder Betäubungspistole aus, die solch einen Gestank verbreitet, daß das Opfer sofort in Ohnmacht fällt. Allerdings muß sich die Polizei ihrerseits mit *Rauchhelmen* ausrüsten.

Frankreich löst die Strafkolonie Neu-Kaledonien in der Südsee auf, die letzten Sträflinge werden nach Guayana/Südamerika überführt, das fortan der einzige Platz dieser Art für den von Frankreich beherrschten Teil der Welt sein soll.

Die kanadische und die australische Polizei beschäftigen mit großem Erfolg Eingeborene als Fährtensucher.

Öffentliche Bäder

Die Stadt Köln bewilligt den Etat für den Bau der 7. Badeanstalt. Außerdem hat Köln bereits 5 Badeanstalten am Rhein, 1 Strandbad und 34 Schulschwimmbecken. Es liegt damit an der Spitze aller deutschen Städte, ja wahrscheinlich an der Spitze aller Städte in der Welt überhaupt.

Die Rente für den Abgeordneten

Frankreich ist das einzige Land der Welt, das bereits, seit 1904, seinen nichtwiedergewählten Volksvertretern und deren Angehörigen eine Pension zahlt. Voraussetzung ist, daß der Vertreter sein Amt mindestens 8 (ursprünglich 4) Jahre ausgeübt und das 55. Lebensjahr überschritten hat.

Im Land der unbegrenzten Möglichkeiten

Nach einigen Jahren hat sich in Boston/USA die erste öffentliche Berufsberatungsstelle bewährt, die mit den Schulen, den Universitäten und mit Handel und Gewerbe zusammenarbeitet.

In den USA gibt es nun neben den bereits bekannten Bahnhofsautomaten für Fahrkarten oder Schokolade den ersten Stellenvermittlungsautomaten.

In Washington/USA werden auf öffentlichen Toiletten usw. Warmluftventilatoren angebracht, unter denen man sich die Hände abtrocknen kann. Man will auf diese Weise die unhygienischen Handtücher einsparen.

Auf Verlangen der Polizei werden in Pittsburgh/USA die Kinos in 3 Abteilungen getrennt, eine Abteilung für Damen, eine für Herren und eine für Damen und Herren gemeinsam. Man will auf diese Weise unsittlichen Anträgen im Dunkeln vorbeugen.

In New York ist die Quote der Ehescheidun-

gen zwischen dem 1. Januar und dem 1. Juli schlagartig um 50% gestiegen.
Die *Akim Trading Company* in New York hat einen großen Dampfer gekauft, um die Neger nach Afrika zurückzuverfrachten.

Sozialkritik Wilhelm Herzog gründet die sozialkristische Zeitschrift *Das Forum*.

Die leichte Muse

Beliebte Schlager In der Posse *Wenn der Frühling kommt* findet sich das populäre Lied:

Hat die ganze Woche man kolossal geschuft,
geht man doch mal ganz gern an die frische Luft!
Im Beruf, o-je-mi-ne, diese Plagerei,
eh man hat sich umgedreht, ist der Tag vorbei.

Sonntags... Und der Refrain dazu:

Aber sonntags, aber sonntags, aber sonntags,
sonntags hab'n wir Zeit dazu, sonntags sind die Läden zu.
Sonntags, sonntags bummeln wir; ich bin dein Kavalier
bis morgens früh um vier!

Hermann heeßt er! Einer der beliebtesten Schlager heißt *Hermann heeßt er!*

Hermann heeßt er!
Wie der Mann knutschen, küssen, drücken kann.
Druffgänger kenn' ich schon viele,
aber so schnell kam zum Ziele

keener noch, ja, der is Meester;
Hermann heeßt er!

Männertreu Ein anderer Schlager des Jahres heißt:
Holde Blum' der Männertreu,
wo bist du zu finden?
Blühest du auf Bergeshöh'n
oder in des Tales Gründen?

Weiberherzen Die letzte Strophe heißt erwartungsgemäß:
Trauet drum den Männern nicht,
wenn sie mit euch scherzen,
keiner hält, was er verspricht,
spielen nur mit Weiberherzen.

So geht's im Krieg weiter In dem »vaterländischen Volksstück« *Immer feste druff* findet sich auch das Lied:
Es blüht ein blaues Blüm'lein,
klein und schlicht,
das heißt: Vergißmeinnicht.

Verschiedenes In den USA beginnt der Jazz in die Tanzmusik einzudringen.
Der neueste Modetanz ist der venezianische Furlana, der über Rom und Paris eingeführt wird.
Die französische Diseuse Yvette Guilbert unternimmt eine Tournee durch Deutschland. Die Guilbert gilt als die erste Diseuse.

Kino – das neue Vergnügen

In 6 Jahren ver133facht London hat heute über 500 Kinos, die in jeder Woche von 7 Mill. Menschen besucht werden. In den übrigen englischen Städten finden sich noch einmal fast 1000 Kinos. 1908 beschäftigten die britischen Kinos 900 Personen, heute 120000.

Typische Kleinanzeigen

Die künstliche Lawine

April: Im Berner Oberland gehen die ersten künstlich verursachten Lawinen der Welt zu Tal. Besteller: eine Pariser Kinematographenfirma, die die Bilder von den Lawinen für ihre Filme braucht. Alle Mitwirkenden sind hoch versichert, die Firma kommt für alle eventuellen Schäden auf. Die Auslösung erfolgt elektrisch, die Funktionsweise haben sich Schweizer Bergführer aus Engelberg erdacht.

Das Freiluftkino

Im Vorgarten einer Villa am Kurfürstendamm in Berlin wird im Mai das erste Freiluftkino in Deutschland eröffnet. In den USA und in Frankreich gibt es bereits seit längerer Zeit mehrere dieser Kinogärten.

Neue Filme, von denen man spricht

Charlie Chaplin stellt in diesem Jahr seine ersten Filme her, 35 Stück! Der allererste heißt *Making a Living.*

Mario Caserini, *Die Zerstörung Karthagos,* Italien

Urban Gad, *Der kleine Engel,* Dänemark

David W. Griffith, *The Birth of a Nation,* USA

Prinz Heinrich von Preußen, *Treue Liebe bis zum Schwimmbassin,* Deutschland, nach einer Idee von Fedor v. Zobeltitz (der Prinz ist der Bruder des Kaisers)

Max Linder, *Max als Empfangschef,* Frankreich

–, *Der 2. August 1914,* Frankreich

Nino Martoglio, *Sperduti nel buio,* Italien

Stellan Rye, *Das Haus ohne Türen und Fenster,* Deutschland

Information und Kommunikation

Die automatische Telephon-verbindung

In Dresden wird seit 1912 an dem größten halbautomatischen Fernsprechamt gearbeitet. Von etwa 100000 Teilnehmern am Fernsprechnetz sind bis jetzt circa 16000 angeschlossen. Wer den Hörer abhebt, wird automatisch mit einer freien Beamtin verbunden, die durch das Drücken von Tasten die gewünschte Verbindung herstellt, ohne daß es ihr möglich wäre, in das Gespräch eingreifen oder gar es abhören zu können.

Drahtlose Telegraphie

In den USA gibt es bereits 300000 private Stationen für drahtlose Telegraphie, die sich nun zu einem Verband zusammenschließen wollen, um ihre Möglichkeiten besser ausnützen zu können.

Post per Telephon

In den USA führt die Post die Telephonpostkarte ein: Der Empfänger erfährt den Inhalt der Karte per Telephon, bevor sie ihm zugestellt wird. Kosten: 20 Pfennig.

Schiffe und Kanäle

Das größte Schiff der Welt

14. Mai: Das größte Schiff der Welt, der Turbinen-Schnelldampfer *Vaterland,* tritt seine Jungfernfahrt nach Amerika an. Die *Vaterland* nimmt mehr als 5000 Menschen auf, davon über 1200 Mann Besatzung. Das Schiff fährt im Rhythmus von 14 Tagen von Hamburg nach New York.

Die größten Schiffe der Welt

Name	Länge	BRT	Linie
Vaterland	290 m	55 000	Hapag
Imperator	227 m	51 000	Hapag
Aquitania	274 m	47 000	Cunard
Olympic	260 m	46 000	White Star
Mauretania	232 m	32 000	Cunard

Frauen auf der Brücke

Frau v. Bandinz, eine Dänin, ist die erste Frau auf der Welt, die das Kapitänspatent für einen Ozeandampfer erhält, der den Atlantik überquert. Bisher durfte sie nur auf der Ostsee fahren.

Der Panama-Kanal

15. August: Der Panama-Kanal wird nach 8jähriger Bauzeit eröffnet. Die ersten Anfänge gehen auf Ferdinand de Lesseps 1879 bis 1881 zurück. Der Kanal ist 80 km lang und hat 8 Doppelschleusen, die Kosten einschließlich der Befestigungen belaufen sich auf 366 Mill. Dollar. Nun ist der Panama-Kanal zwar endlich fertig, kann aber wegen des Krieges nicht zur allgemeinen Nutzung freigegeben werden.

Deutsche Kanäle

Nachdem der Kaiser-Wilhelm-Kanal zwischen der Nord- und der Ostsee verbreitert worden ist, kann er wiedereröffnet werden. Die Verbreiterung des Kanals soll in erster Linie den deutschen Schlachtschiffen die Durchfahrt ermöglichen.
Auch zwischen Berlin und Stettin wird nun der 194 km lange Berlin-Stettiner Großschiffahrtsweg für 750-t-Schiffe eröffnet.

Der Ausbau der Eisenbahnen

Elektrifizierung Chicago bereitet sich darauf vor, alle Eisenbahnstrecken, die nach Chicago führen, zu elektrifizieren.

Die Bagdad-Bahn 15. Juni: Deutschland und Großbritannien einigen sich über den weiteren Ausbau der Bagdad-Bahn: Deutschland verzichtet auf die Fortführung der Bahn von Basra zum Persischen Golf.

Island Die Isländer planen eine Eisenbahnlinie von ihrer Hauptstadt Reykjavik zu den Geysiren.

Der Sicherheitsabstand In London erprobt die Eisenbahn Uhren, die dem Lok-Führer auf elektrischem Weg mitteilen, welchen Zeitabstand er zum vorhergehenden Zug hat.

Verkehrsunterricht Die New Yorker Gesellschaft, die die Straßenbahnen und die Hochbahn betreibt, hat eine Abteilung gebildet, die die New Yorker Kinder in den Schulen besucht und ihnen dort Unterricht für das richtige Verhalten im Straßenverkehr erteilt, zum Teil anhand von Filmen. Außerdem gibt die Gesellschaft den Bürgern der Stadt Unterricht in Erster Hilfe.

Das Eisenbahnnetz Als der Krieg ausbricht, hat das riesige Russische Reich ein Eisenbahnnetz (66000 km), das kaum größer ist als das des Deutschen Reiches (62000 km), jedoch 3mal größer als das von Österreich-Ungarn (23000 km). Frankreich verfügt über 37000 km Eisenbahnnetz, Großbritannien, wo die erste Eisenbahn lief, nur über 33000 km.

Mehr Autos – mehr Probleme

Der Bestand Januar: In den USA gibt es 1,3 Mill. Autos, in Großbritannien 0,25 Mill., in Frankreich und Deutschland je 0,1 Mill., in Kanada 0,05 Mill., in Österreich-Ungarn 20000, in Australien 15000, in Italien 12000, in Rußland und Argentinien je 10000 usw. Der Gesamtbestand beläuft sich auf 2 Mill. Fahrzeuge.

Unfallstatistik 1. Januar: Im Deutschen Reich sind über 93000 Autos gezählt (1907 waren es über 27000), davon 90% Personenautos und 10% Lastautos. Über 50% der Autos sind in Preußen gemeldet. Autos verursachten in der Zeit vom 1. Oktober 1912 bis zum 30. September 1913 fast 12000 Unfälle mit über 6300 Verletzten und mehr als 500 Toten. 5% der Fahrer, die einen Unfall verschuldeten, begingen mit Erfolg Fahrerflucht.

Junggesellenausflug ans Meer.

Das Taxi Nach und nach wird die Pferdedroschke von der Autodroschke verdrängt. In München stehen 388 Autodroschken nur noch 92 Pferdedroschken gegenüber, in Berlin gibt es immerhin noch 3090 Pferdedroschken und nur 2332 Autodroschken, in Breslau gar noch 680 Pferdedroschken und dagegen nur 50 Autodroschken.

Kilometersteine Im Herzogtum Sachsen-Meiningen werden die Kilometersteine durch die Pflanzung von je 2 Birken ersetzt.

Haftpflicht In den USA wird eine Ersatzpflicht für Autofahrer diskutiert, weil durch vorbeifahrende Autos die Feldfrüchte verstauben.

Ein Moped-Vorläufer In den USA wird ein Fahrrad mit Propellerantrieb hergestellt. Der Benzinmotor am hinteren Ende des Rades leistet 4 PS bei 2500 Umdrehungen. Das Rad erreicht eine Geschwindigkeit von 50 bis 60 km/h, mit Rennpropeller ist es sogar 90 bis 100 km/h schnell. 1 l Benzin reicht für 35 km.

Das Neueste von Flugzeug und Luftschiff

Neue Rekorde Ölerich stellt mit 8150 m einen neuen Höhenrekord mit dem Flugzeug auf.
Zum ersten Mal wird bei einem Dauerflug durch Böhm die 24-Stunden-Grenze überschritten.

Nachts landen Für den Flugplatz Berlin-Johannisthal wird eine unterirdische Nachtbeleuchtung geplant. Die Leuchtfeuer, die über das ganze Feld verteilt werden sollen, werden mit der Windfahne kurzgeschlossen, so daß der Nachtflieger aus der Beleuchtung die Windrichtung erkennen und dadurch gegen den Wind landen kann.

Feuerbekämpfung

Der *Knubel-Eindecker* wird vorgestellt, die Tragflächen sind mit durchsichtigem Aeroid, einer Art Zelluloid, bespannt, damit das Flugzeug im Krieg möglichst unsichtbar ist. Das Material brennt zwar leicht, das Feuer läßt sich aber auch leicht wieder ausblasen. Die Flieger taufen den Eindecker *Gewächshaus*.

Unfallstatistik

Roger Dépagniat veröffentlicht die erste Statistik über Flugunfälle:

Jahr	Flieger	Flugkilometer	tödliche Unglücke	tödl. Unfall pro Flugkilometer
1908	5	1600	1	1600
1909	50	44000	3	15000
1910	500	960000	29	33000
1911	1500	3700000	78	47000
1912	5800	20000000	140	140000

Wasserkühlung ist besser

Das französische Kriegsministerium vergleicht französische Flugzeugmotoren (Rotationsmotor mit Luftkühlung) mit deutschen (feststehende Motoren mit Wasserkühlung) und empfiehlt den französischen Flugzeugherstellern das deutsche System. Wassergekühlte Flugmotoren erreichen inzwischen 250 PS, luftgekühlte hingegen nur 200 PS.

Deutschland vorn Nach Ansicht der *Daily Mail* hat Deutschland im Flugzeugbau in den letzten Monaten Frankreich und Großbritannien überrundet. Deutsche Flugzeuge halten inzwischen fast alle Rekorde, die deutschen Motoren sind zuverlässiger, insbesondere haben die Deutschen bereits Erfahrungen im Nachtflug erworben. Was nicht erwähnt wird: Die deutsche Heeresführung unterstützt den Luftschiff-, nicht den Flugzeugbau.

Luftschiffe Juli: In Friedrichshafen wird das 25. Zeppelin-Luftschiff fertig. Es ist für die Heeresverwaltung bestimmt.
Opel, der Automobilfabrikant, stiftet der TH Darmstadt 20000 Mark zur Förderung der Luftschiff-Fahrt.

Technische Wunderwerke

Neue Maschinen Die Demag baut für die Werft von Blohm & Voß einen Turmdrehkran (Hammerwippkran), der 96 m hoch ist und eine Höchstlast von 250 t trägt.
Die Demag entwickelt auch einen Schwimmkran mit 250 t Tragkraft.
Die 6-Rollen-Rotationsmaschine von Koenig & Bauer druckt in einer Stunde 200000 Exemplare einer 8seitigen Zeitung.

Neue Waffen In Frankreich ist ein neues Geschoß entwickelt worden mit einer bis dato unbekannten Durchschlagskraft. Dabei wird zum ersten Mal Eisen mit Wolfram legiert.
In Großbritannien wird ein Panzerkampfwagen entwickelt.

Wirtschaft und Geld

Kapitalvermehrung

Das Kapital der 4 größten deutschen Banken (*Deutsche, Darmstädter, Dresdner Bank* und *Disconto-Gesellschaft*) hat sich seit 1872 mehr als verzehnfacht, es stieg von 90 Mill. auf 910 Mill. Mark.
Das deutsche Auslandskapital hat sich seit 1893 verdoppelt, es stieg von 12 Mrd. auf 24 Mrd. Mark.
Zwischen der Gründung des Deutschen Reiches und dem Kriegsausbruch steigen die Bruttolöhne von 70 auf 164, die Lebenshaltung von 106 auf 130, die Reallöhne von 66 auf 125.

Neue Gesetze

Der Reichstag verabschiedet das Sonntagsruhe-Gesetz für das Handelsgewerbe. § 6 lautet wörtlich:
»Die Gewerbetreibenden sind verpflichtet, jeden Beschäftigten an jedem dritten Sonntag volle 36 (!) Stunden von der Arbeit frei zu lassen.«
Das deutsche Postscheckgesetz tritt in Kraft.

Weltwirtschaft

20. Februar: An der Universität Kiel wird das *Institut für Seeverkehr und Weltwirtschaft* eingeweiht.

Reis

Die Reisernte auf der Welt beträgt 190 Mill. t, in Deutschland werden etwa 4 kg pro Kopf verbraucht.

Gegen Konzerne

14. Oktober: Mit dem *Clayton Act* verabschieden die USA das 2. Antitrustgesetz, durch das in erster Linie Knebelungs- und Ausschließlichkeitsverträge, der Erwerb von Beteiligungen an der Konkurrenz und Preisdiskriminierungen verhindert werden sollen. Das 1. Antitrustgesetz, der *Sherman Act* von 1890, zielte auf die Verfolgung ungesetzlicher Absprachen.

Tiere und Tierschutz

Wild in Deutschland

Im Deutschen Reich gibt es derzeit etwa 128000 Stück Rotwild, 78000 Stück Damwild, 60000 Stück Schwarzwild, 1327000 Stück Rehwild, 8423000 Hasen, 735000 Fasanen und 8018000 Rebhühner. Die Zunahme des Wildes in den letzten 20 Jahren liegt zwischen 50 und 90%.

Umsonst

werden

dünne Leute dick!

Ein einfaches Hausmittel wirkt Wunder und verwandelt knochige und übellaunige Männer und Frauen in fleischige und lebenslustige.

100 000 Schachteln zu 2.50 Mark werden gratis an alle mageren Leute abgegeben!

„Nun schau Dir doch nur mal die beiden Vogelscheuchen da an, Schatz! Warum nehmen denn die kein Sargol?“

Kupon.

Dieser Abschnitt berechtigt den Inhaber zum kostenlosen Empfang einer Originalschachtel „Sargol“ zu 2.50 M., dem Hausmittel, das Magere fleischig und vollblütig macht.

Gültig für nur 10 Tage ab heute gerechnet!

Unter Beifügung der genauen Adresse und 0.50 M. in Briefmarken einzusenden an die

Société Sargol (Abt. 1628) 8, Cité de Paradis, Paris (Frankr.).

Briefe nach Frankreich sind mit 20 Pfennig zu frankieren.

Wie man dick werden kann!

Jagd in Deutschland

Jährlich werden 6371000 Stück Haarwild und 5324000 Stück Federwild geschossen. An Raubzeug werden jährlich zur Strecke gebracht: 130000 Füchse, 41000 Iltisse, 21000 Marder, 11000 Dachse und 5500 Fischotter.

Der jagende Kaiser

Die Fachzeitschrift *Der Weidmann* teilt mit, daß der Kaiser 1913 über 4000 Stück Wild erlegt hat, im Laufe seines Lebens über 73000 Stück, nämlich: 2136 Rothirsche, 92 Rottiere, 1848 Damschaufler, 99 Damtiere, 3252 grobe Sauen, 316 geringe Sauen, 955 Rehböcke, 18025 Hasen, 3178 Kaninchen, 121 Gemsen, 139 Füchse, 3 Bären, 12 Elchschaufler, 6 Wisente, 3 Rentiere, 3 Mufflonböcke, 6 Dachse, 1 Marder, 108 Auerhähne, 25 Birkhähne, 3 Bronzeputer, 2 Perlhühner, 44806 Fasanen, 963 Rebhühner, 95 Grousen (Schneehühner), 5 Schnepfen, 3 Bekassinen, 170 Enten, 826 Reiher und Kormorane, 1 Hecht, 1 Wal und 529 verschiedene niedere Tiere.

Ein Naturphänomen

Über ganz Europa, von der Nordsee bis tief nach Rußland hinein, treten in der 2. Junihälfte plötzlich riesige Libellenschwärme (blaue Wasserjungfern) auf, die nach Millionen zählen.
Gleichzeitig werden am Strand der Ostsee riesige Mengen von Maikäfern beobachtet. Beide Phänomene werden damit in Zusammenhang gebracht, daß der Mai zu kalt war und daher die Insekten erst im warmen Juni auftreten.

Gewinn aus der Plage

Man versucht, die Maikäferplage ins Nützliche zu wenden. In der Provinz Sachsen werden 30 000 Zentner Maikäfer gesammelt, für den Zentner werden 4 Mark gezahlt. Die frischen Maikäfer werden, mit Kalk vermischt, als Dünger oder als Hühnerfutter verwendet, gedörrt und geschrotet werden sie den Schweinen vorgeworfen, nachdem festgestellt wurde, daß Maikäfer zu 11% aus Fett und zu 55% aus Stickstoff bestehen.

Der Biber in Deutschland

An der Elbe zwischen Dessau und Magdeburg und an der Saale, Mulde und Nuthe leben jetzt wieder 200 Biber unter strengstem Schutz. Um 1890 waren nur noch 50 Biber am Leben. Früher war der Biber in Deutschland außerordentlich häufig. Allein Kurfürst Johann Georg von Sachsen erlegte zwischen 1665 und 1680 fast 400 Biber. Im Möhnetal/Westfalen wurde der letzte Biber 1840 getötet, in Bayern und Brandenburg wurden die letzten Biber um 1860 beobachtet.

Der Bison in Nordamerika

In den USA gibt es in 3 Reservaten wieder fast 3000 Bisons, in Kanada in 1 Reservat etwa 1000. Um 1800 gab es in den USA und Kanada schätzungsweise 60 Mill. Bisons, nach der Eroberung des Wilden Westens 1900 nur noch 800. 1905 wurde die Bison-Gesellschaft gegründet, seit 1909 werden sie in den Parks gezüchtet.

Die Wandertaube in Nordamerika

Die Wandertaube Nordamerikas gilt nun als endgültig ausgerottet. Auch eine Prämie von über 3000 $ hat nicht zum Nachweis eines Paares geführt. Noch 1840 waren Züge von Wandertauben gezählt worden, die 2 Bill. Mitglieder hatten und deren Vorbeiflug mehrere Stunden dauerte. 1805 wurden zum ersten Mal Wandertauben auf den New Yorker Märkten angeboten, 1830 bereits in großen Mengen, das Stück für 1 Cent.

Mord in China In China wird zur Zeit alles Wild rigoros abgeschlachtet, seitdem am Jangtsekiang Kühlhäuser stehen und sich der Export von gefrorenem Wild nach Europa rentiert. Schonzeiten gibt es ebensowenig wie Jagdgesetze.

Der Elefant ist stärker In Kamerun wird des Nachts ein Elefant von der Eisenbahn angefahren. Der vorgekuppelte Tender ist völlig verbeult, der Elefant verschwindet wieder im Urwald.

Der Schutz des Wals Frankreich ist das erste Land der Welt, das eine Walfangquote in seinen Gewässern einführt, um den Wal vor dem Aussterben zu bewahren.

Gibt es noch weiße Nashörner? Man streitet sich darüber, ob das weiße Nashorn bereits ausgestorben ist oder nicht. 1872 gab es im Matabele-Land/Südrhodesien noch gewaltige Mengen, 20 Jahre später waren die letzten abgeschossen. Jetzt sollen noch 20 Exemplare in einem Tierschutzgebiet im Zulu-Land leben.

Serengeti darf nicht sterben Zur Unterstützung von Bestrebungen, die afrikanische Tierwelt zu erhalten, wird in Deutschland eine Filmexpedition ausgerüstet, die das Leben der Tiere in Deutsch-Ostafrika für Studienzwecke festhalten soll.

Der größte Hummer... Die Zoologische Gesellschaft in New York hat für ihr Aquarium einen Hummer erworben, der 95 cm lang ist und 21 Pfund wiegt.

Das ist der längste bisher gefangene Hummer. Es sind jedoch kürzere Hummer beobachtet worden, die bis zu 34 Pfund wogen.

...und Ochse... Auf einer Mastviehausstellung in Berlin wird der größte Ochse ausgestellt: Er mißt 2,10 m und wiegt 38 Zentner.

...und das größte Museum In Tring/Hertford/England eröffnet Walter Rothschild das größte zoologische Privatmuseum der Welt. Es enthält allein 215 000 Vögel und 2,5 Mill. Schmetterlinge.

Ein Fürst als Forscher Fürst Albert von Monaco, ein anerkannter Ozeanograph, teilt der Pariser Akademie der Wissenschaften mit, daß bestimmte Fischarten zu den Gezeiten 2mal am Tag in Schwärmen aus den Tiefen des Ozeans (5000 bis 6000 m) bis dicht an die Oberfläche (200 m) auftauchen, um sofort die Rückreise anzutreten. Der Grund ist ebenso unbekannt wie der Mechanismus der Fische, mit dessen Hilfe sie die Druckunterschiede ausgleichen.

Insekten Karl v. Frisch beginnt mit seinen Versuchen über das Farb- und Formsehen von Bienen.
Zum ersten Mal erscheint die *Zeitschrift für angewandte Entomologie* (Insektenkunde).

Natur- und Umweltschutz, Denkmalpflege

Der Spreewald Die preußische Regierung beschäftigt sich mit Plänen, den Spreewald trockenzulegen. Dagegen laufen die Naturschützer Sturm.
An der Berliner Universität wird das Institut für Pflanzenphysiologie eröffnet.

Verkarstung der Türkei

Der türkische Ackerbauminister verlangt von jedem Bauern, um das verkarstete Land wieder aufzuforsten, daß jeder am Baumpflanzungstag 5 junge Bäumchen pflanzt, die die staatlichen Baumschulen zur Verfügung stellen. In Wirklichkeit gelingt es aber nicht einmal, die Bauern daran zu hindern, junge Bäume abzuhacken und zu verfeuern.

Kampf dem Lärm

Antilärmvereine beschäftigen sich nach wie vor mit den »greulichsten Trillern und Tonleitern« sowie mit dem Rattern und Stoßen der Straßenbahnen.
Nun wird empfohlen, möglichst entlang der Schienen Rasen zu pflanzen, der den Krach gut dämpfen soll.

Kampf dem Rauch

In Deutschland existiert in Hamburg der einzige und erste Rauchbekämpfungsverein. Er hat 500 Mitglieder, denen es bereits gelungen ist, einige Betriebe für die Rauchbekämpfung zu gewinnen. Der Verein will sich jetzt die Dampfer vornehmen. In Dresden und Königsberg bemühen sich die Stadtverwaltungen ohne Erfolg, die Verschmutzung der Luft zu vermindern. In England bekämpfen bereits 16 Städte den Rauch.

Industrieabgase

Die Universität von Pittsburgh hat durch eine Untersuchung festgestellt, daß die Stahlindustrie der Stadt (350000 Einwohner) durch Rauch einen jährlichen Verlust von 40 Mill. Mark verursacht. 9 Mill. Mark kostet die Verschmutzung der Wäsche, etwas mehr die Verschmutzung des Anstrichs. Durch schlechte Verbrennung verlieren die Raucherzeuger selbst 6 Mill. Mark.

Die Verschmutzung der Denkmäler Der Wiener Magistrat fragt bei anderen Stadtverwaltungen an, wie Denkmäler zu reinigen sind, denn seine Methode, die Denkmäler von der Feuerwehr abspritzen zu lassen, hat sich nicht bewährt. Ergebnis: Die meisten Städte halten eine Reinigung für überflüssig. In Berlin werden die Denkmäler mit Bürsten und einer Ammoniak-Lösung bearbeitet, in München und Paris mit Lappen und warmem Wasser.

Moderne Denkmäler Am Rotsee-Ufer bei Luzern an der Bahnstrecke Zürich–Luzern ist die erste Betonschriftreklame zu sehen: Länge 60 m, Buchstabenhöhe 5 m. Für diese Idee wird nun geworben.

Die Erde – Möglichkeiten für Entdecker

In das Innere der Kontinente Der Geograph Ewald Banse bricht zu einer Expedition in die Libysche Wüste auf, um ein bisher völlig unerforschtes Gebiet zu erkunden, das 4mal so groß wie das Deutsche Reich ist.
Der Österreicher Anton Gebauer bricht zu einer Forschungsreise nach Osttibet und Jünnan auf.

In die Arktis J. Nagurski startet zum ersten Flug in die Arktis, um bei der Insel Nowaja Semlja der Brussilow-Expedition zu Hilfe zu kommen, die bereits 2 Jahre unterwegs ist.
B. A. Wilkitzki startet eine Forschungsreise, um zum ersten Mal den nordsibirischen Seeweg von Osten nach Westen mit einem Schiff zu bewältigen.

Menschen und Kulturen der Vergangenheit

Der erste Mensch

Dr. Hans Reck vom Geologisch-paläontologischen Institut der Universität Berlin stellt seine Skelettfunde von Menschen aus der Oldoway-Schlucht in Deutsch-Ostafrika zur wissenschaftlichen Diskussion.

Die Hethiter

Vor der Deutschen Orientgesellschaft wird in Gegenwart des Kaiserpaares zum ersten Mal über die Ausgrabungen hethitischer Stätten berichtet.

Gegen die Räuber

Die ägyptische Regierung versucht, durch ein Gesetz des Schmuggels mit Antiquitäten Herr zu werden. Jeder, der ohne Erlaubnis ausgräbt oder seine Tiere zwischen den Denkmä-

Reklame für verschiedene Stifte.

lern weiden läßt, erhält 1 Jahr Gefängnis oder muß 100 Pfund zahlen; wer Denkmäler bekritzelt, kann zwischen 8 Tagen Gefängnis und 1 Pfund wählen; Antiquare benötigen eine Lizenz und müssen ihre An- und Verkäufe registrieren.

Burgenkunde Das Gelände um die Saalburg bei Bad Homburg v. d. H. wird aufgekauft, um die Reste des großen römischen Limes-Kastells sicherzustellen.

13. Februar: Das Kaiserpaar hört sich in Berlin einen Vortrag des renommierten Architekten Prof. Bodo Ebhardt über das Thema *Burg und Schloß* an.

In Westpreußen wird der Wiederaufbau der Marienburg, der ehemaligen Ordensburg des Deutschen Ritterordens, abgeschlossen, an der bereits seit 1882 gearbeitet wurde.

Aus der Welt der Religionen

Der neue Papst 3. September: Neuer Papst wird Benedikt XV. (Giacomo della Chiesa), der sich für die Neutralität Italiens und eine Begrenzung des Krieges einsetzt.

Reklame für die Kirche In den USA gehen jetzt die Kirchen dazu über, in großem Umfang von den Möglichkeiten der Reklame Gebrauch zu machen, um ihre Kirchen zu füllen. Der Erfolg ist überraschend: Die Zahl der Kirchgänger verdreifacht sich.

Psychologie Eine Gesellschaft für Religionspsychologie wird gegründet.

Auf dem Mond

Ein englischer Geistlicher stellt in einem Buch die Behauptung auf, daß sich das *Neue Jerusalem* aus der *Offenbarung Johannis* auf der Rückseite des Mondes befindet, der Bischof von Exeter hat ein Vorwort dazu geschrieben.

Nachrichten von Schulen und Universitäten

Eine neue Schulordnung

Im Herbst tritt in Bayern eine neue Schulordnung in Kraft. Sie besteht aus folgenden Teilen:

1. Schulordnung, 32 Seiten
2. Lehrplan, 138 Seiten
3. Schülersatzung, 7 Seiten

Weihnachten auf einem Gutshof.

4. Bestimmungen und Ratschläge für Eltern usw., 3 Seiten
5. Gesundheitspflege für Schüler, 3 Seiten
6. Vollzugsbestimmungen, 79 Seiten
7. Anweisungen an die Rektoren der höheren Lehranstalten, 5 Seiten.

Klassenstärken

Folgende Klassenstärken dürfen in den Gymnasien nicht überschritten werden:
Klassen I–III: 45
Klassen IV–V: 40
Klassen VI–VII: 35
Klassen VIII–IX: 30
Es besteht an den Gymnasien die Schulgeldpflicht.
Es wird vor- und nachmittags unterrichtet, vormittags im Sommer ab 7 Uhr, im Winter ab 8 Uhr, die Mittagspause muß mindestens 2 Stunden betragen.
Schüler, die von einer nichtbayerischen Anstalt an eine bayerische überwechseln wollen, müssen sich einer Aufnahmeprüfung unterziehen.

Benotung

Schul- und Hausaufgaben müssen von den Lehrern in 2 Wochen benotet werden, die Noten sind: I = sehr gut, II = gut, III = genügend, IV = ungenügend.

Umgang

Aus der Schülersatzung:
§ 10: Den Schülern ist der nähere Umgang mit Personen, die geeignet sind, einen verderblichen Einfluß auf sie auszuüben, verboten...
§ 11: Zu vorgerückter Abendzeit oder während der Nacht dürfen die Schüler nicht außerhalb ihrer Wohnung verweilen...

Zahnpflege

Fast jede größere Stadt besitzt inzwischen eine fahrbare Schulzahnklinik, in der Volksschulkinder kostenlos behandelt werden.

Studenten und Universitäten

Im Winterhalbjahr 1913/14 studieren an den 21 Universitäten des Reiches fast 60 000 Studenten, darunter knapp 3700 Studentinnen und 5000 Ausländer. 1871 waren es erst 13 000 Studenten, 1880 20 000, 1890 28 000, 1909 50 000.

Die Universitäten in der Reihenfolge ihrer Belegung: Berlin 9600, München 6800, Leipzig 5500, Bonn 4300, Halle 2900, Göttingen und Breslau je 2800, Freiburg 2600, Heidelberg 2400, Marburg 2200, Münster und Straßburg je 2100, Tübingen und Jena je 1900, Kiel 1800, Königsberg 1600, Würzburg

Studentenbude.

1500, Erlangen, Gießen und Greifswald je 1300, Rostock 900.
Die Einschreibungen für Jura und das höhere Lehramt gehen derzeit zurück, die für Medizin, Zahnmedizin und evangelische Theologie nehmen zu.

Künstlerische Volkserziehung

27. April: Im Reichstagsgebäude zu Berlin wird die *Deutsche Gesellschaft für künstlerische Volkserziehung* gegründet. Gründer sind 3 Oberbürgermeister, 1 Ministerialdirektor, 1 Landtagsabgeordneter, 1 Chefredakteur, 1 Universitätsprofessor und 2 Schriftsteller, einer davon ist Hermann Sudermann.

Durchgeistigung

14. Juli: Die in Gründung befindliche Universität Frankfurt richtet zur Förderung der ästhetischen Kultur einen *Akademischen Bund zur Durchgeistigung der deutschen Art und Arbeit* ein.

Die Universität Frankfurt

18. Oktober: Die Frankfurter Universität wird heute in aller Stille eröffnet, die ursprünglich vorgesehene Teilnahme des Kaisers entfällt im Hinblick auf den Krieg.
Der Neubau der Berliner Akademie der Wissenschaften wird eingeweiht.

Auch Frauen

Der Germanist Prof. Roethe in Berlin erklärt sich bereit, in Zukunft auch Studentinnen zu seinen Vorlesungen zuzulassen.
Der König von Spanien erlaubt der Spanischen Akademie, auch weibliche Mitglieder aufzunehmen.

VHS

Im Reich werden die ersten Abendvolkshochschulen eröffnet.

Mangelnder Respekt

Die *Freideutsche Jugend* ist dabei, eine neue Männermode zu kreieren: Schiller-Kragen, ohne Hut, Anzüge mit kurzen Hosen und bunte Leinenkittel, in Anlehnung an den *Wandervogel,* der allerdings noch legerer ist. Die hanseatischen Schulbehörden verbieten jedoch den Schülern, ohne Hut zu gehen, da dann die Schüler ihren Lehrern nicht mehr den gebührenden Respekt durch Ziehen des Hutes bezeigen können.

»Wir wollen ihnen die freideutsche Jugendkultur schon austreiben! Ich sperre jeden ein, der nach frischer Luft riecht!«

Karikatur von E. Thöny aus dem ›Simplicissimus‹.

Nobelpreise

Physik	Max v. Laue, Professor an der Universität Frankfurt, erhält den Nobelpreis für Physik »für seine Entdeckung der Beugung von Röntgen-Strahlen beim Durchgang durch Kristalle«.
Chemie	»Als Anerkennung seiner genauen Bestimmungen des Atomgewichts zahlreicher chemischer Elemente« erhält der Amerikaner Theodore W. Richards den Nobelpreis für Chemie.
Medizin	»Für seine Arbeiten über Physiologie und Pathologie des Vestibularapparates« erhält Robert Barany, Dozent für Ohrenheilkunde an der Universität Wien, den Nobelpreis.
Ausgefallen	Die Nobelpreise für Literatur und den Frieden werden in diesem Jahr nicht verliehen.

Mathematik, Physik, Astronomie

Einstein nach Berlin	Max Planck gelingt es endlich, die Abneigung Albert Einsteins gegen alles Preußische zu überwinden und ihn als Mitglied der Preußischen Akademie und als Direktor eines Kaiser-Wilhelm-Instituts nach Berlin zu holen.
Atomphysik	Durch Experimente wird nachgewiesen, daß das Atommodell von Rutherford und Bohr richtig ist: Die Hauptmasse ist in einem sehr kleinen Kern konzentriert. Die Wellennatur der Gamma-Strahlen wird nachgewiesen.

James Franck und Gustav Hertz beweisen durch Elektronenstöße, daß die Energiestufen der Atome diskontinuierlich sind, und zeigen, wie Atome Energie aufnehmen und abgeben.
Samuel J. Barnett entdeckt den nach ihm benannten Barnett-Effekt über die gesetzmäßige Magnetisierung von Elektronen bei einem schnell rotierenden Eisenstab.

Kristalle

Es werden erstmals geheimnisvolle elektrische Apparate bewundert, die ihre Energie aus Kristallen zu beziehen scheinen.
Mit Hilfe von Röntgenstrahlen wird die Kristallstruktur des Kupfers erforscht.

Physik

19. bis 22. April: In Hamburg findet der erste internationale Kongreß für experimentelle Phonetik statt.
Urkundenfälschungen können nun durch ultraviolettes Licht nachgewiesen werden.

Nicht nur Erdbeben

Mit Hilfe der Seismometer, die an sich Erdbeben registrieren sollen, kann man nun auch messen, daß der Boden der Groß- und Industriestädte dauernd bebt. So vollführt der Boden der Stadt Leipzig in der Minute 100 Schwingungen, deren Stärke sich während der Arbeitszeit verdoppelt. In Rom wird gemessen, daß vorüberfahrende Wagen oder marschierende Truppen in der Nähe Ausschläge von 0,2 mm erzeugen, große Truppenabteilungen noch in 150 m Entfernung Ausschläge von 0,25 mm. In Essen versetzt der Kruppsche Dampfhammer mit einem Fallgewicht von 50 t die ganze Umgebung in große Schwingungen.

In der Stratosphäre

Die Meteorologen stellen zu ihrer Überraschung durch Ballone fest, daß es über dem Äquator in einer Höhe von etwa 17000 m kälter ist als an den Polen. Steigen die Ballone noch höher (26000 m), wird es wieder wärmer.

Monde

Debes veröffentlicht eine Mondkarte, die seit 1896 aufgrund von photographischen Aufnahmen entstanden ist.
Nicholson entdeckt den 9. Jupiter-Mond, der rückläufig ist. Die ersten 4 Monde wurden 1610 entdeckt, der 5. 1892, der 6. 1904, der 7. 1905, der 8. 1908.

Die Sonne

21. August: Totale Sonnenfinsternis in Skandinavien und Nordrußland.
Der Potsdamer Astronom Karl Schwarzschild berechnet den Strahlungsaustausch im Sonnenspektrum und legt damit den Grundstein für die Berechnung des Austauschs von Materie und Energie.

Der Sternhimmel

In die Astronomie wird die Leuchtkraft eines Sternes als wichtiger Vergleichsmaßstab eingeführt.
Kohlschütter und Adams bestimmen zum ersten Mal die Entfernung von Fixsternen anhand der Merkmale der Spektrallinien (spektroskopische Parallaxen).
Der Astronom Slipher von der Flagstaff-Sternwarte/Arizona/USA entdeckt im Sternbild der Jungfrau einen Sternennebel, der sich tatsächlich dreht. Zwar haben viele Nebel eine Form, die auf eine Drehung schließen läßt, aber die Drehung selbst konnte bisher noch nicht beobachtet werden.

Aus dem Labor der Chemiker

Die Forschung

Gegenüber dem Jahr 1889 hat sich die Zahl der Veröffentlichungen auf dem Gebiet der Chemie um 255% erhöht.

27. Juli: In Mülheim/Ruhr wird das Kaiser-Wilhelm-Institut für Kohlenforschung eröffnet. Es ist das erste Kaiser-Wilhelm-Institut außerhalb Berlins. Sein Leiter ist Franz Fischer.

Die *Zeitschrift für Fermentforschung* wird von Emil Abderhalden gegründet.

Es wird entdeckt, daß nicht nur das Plasma chemische Arbeit zu leisten vermag, sondern auch die Membran.

Erste Schritte zur Klärung der Struktur der Cellulose werden durchgeführt.

Ein Chemiestudent im Laboratorium der Universität beim zweiten Frühstück.

„Ihre Analyse ein unträg., nichts verheiml. **Spiegel.** Ich denke da an das Bildnis des Dorian Gray.“ **Nur** vorn. **briefl.** Charakt.-Schild. Abseits der **Alltags**deutung. **Prospekt** frei. P. Paul Liebe, Augsburg I.

Unentbehrlich

und von ausgezeichneter Wirkung zur **Erhaltung und Wiedererlangung einer guten Figur,** bei **Korpulenz, Fettleibigkeit und Erschlaffung der Bauchmuskulatur** ist

Teufel's *Mars-Gürtel*

(für Herren und Damen)

Aeusserst angenehmes Tragen.

Illustrierte Broschüre **SM** mit Angabe der Verkaufsstelle gratis von

Firma Wilh. Jul. Teufel, Stuttgart.

Asthma

Zeugnis! (Eines von vielen). M. A. Fesenmeier, Landsberg a. L. schreibt: Senden Sie mir wieder 1 Fl. **Arnaldi-Liquor,** da mir ders. recht gut getan und ich nicht ohne selben sein kann. **Depot für Deutschland Storchenapotheke, München, Dienerstr. 34,** woselbst Broschüre gratis.

Carlo Arnaldi, Mailand.

Dicke Nase

Vor Gebrauch

Dünne Nase

Nach Gebrauch

Nasenformer! Photogr. Aufnahme des neuen „**Zello**“ **Modell 16.** Dieser, ein überaus sinnreich konstruiert. Apparat, verbessert jetzt **jede** Nasenform. (Knochenfehler nicht.) — Von Obigem, sowie von anderen zahlr. Erfolgen sind die Original-Photographien, ebenso wärmste Empfehlungen des Kgl. Hofrats Prof. med. v. Eck u. a. im Institut des Spezialisten einzusehen. Besuch erwünscht. Preis Mk. **2.70,** mit Präzisions-Regulator Mk. **5.**—, desgl. m. Kautschuk Mk. **7.**—. Per Nachn. **Nachweisbar 60000 Stück** versandt. Bestellungen unter Angabe des Fehlers direkt an den **Spezialisten L. M. Baginski, Berlin 282,** Winterfeldstr. 34. Für Russland nach **Riga,** Gr. Schmiedestr. 5.

Wie man zu einer schönen Nase kommt.

Die Technik

Richard Willstätter, Direktor des Kaiser-Wilhelm-Instituts für Chemie in Berlin, synthetisiert zum ersten Mal bestimmte Blütenfarbstoffe (Anthozyan).
Zwischen 1887 und 1914 wurden im Reich jährlich durchschnittlich 14000 t Alizarin-Farbstoffe erzeugt zu dem konstanten Preis von 1,05 Mark pro kg.
Die Firma Leopold Cassella gehört zu den größten Produktionsstätten organischer Farbstoffe in der Welt: 3000 Mitarbeiter produzieren 19000 t pro Jahr.
In den USA wird die erste Anlage auf der Welt zur synthetischen Herstellung von Phenol in Betrieb genommen.

Medizin – der Kampf gegen den Tod

Die Sterbestatistik

In jeder Stunde werden 225 Deutsche geboren, während 125 sterben. Der Überschuß pro Stunde beträgt also 100 Personen. Von den 125 Toten pro Stunde sterben 14 an Tuberkulose, 6 an Krebs, 3 durch Unfälle, 2 durch Selbstmorde. Durch Unfall und Selbstmord sterben mehr Menschen als an Diphtherie, Scharlach, Masern und Thyphus zusammen, die man jetzt ungefähr im Griff hat. Der Typhus ist stark zurückgegangen, seitdem man 1911 nach einer Typhus-Epidemie im Ruhrgebiet damit begonnen hat, das Wasser der Großstädte zu chloren.

Die Syphilis...

Nach Angaben der Krankenkassen haben von 100 deutschen Männern 20 im Laufe ihres Lebens Syphilis. Man schätzt, daß pro Jahr 27000 Männer an Syphilis sterben.

...und ihre Bekämpfung

Das *Salvarsan* ist nach wie vor sehr umstritten, denn es treten in der Folge Erblindungen, Lähmungen und Ertaubungen auf. In der medizinischen Fachliteratur werden dem Erfinder bereits 275 Todesfälle vorgezählt. Tatsächlich ist *Salvarsan* ein Arsen-Präparat, das Arsen in einer Dosis enthält, die anfangs weit über dem verträglichen Maximum liegt. Vor seiner Einführung im Juni 1910 wurde es innerhalb von 5 Monaten angeblich nur an 500 Menschen ausprobiert.

Der Salvarsan-Prozeß

In dem *Salvarsan*-Prozeß soll der Vorwurf geklärt werden, ob das Medikament viel zu teuer verkauft wird. Angeblich kostet seine Herstellung 8 Mark/kg, der Verkaufspreis liegt jedoch bei 16000 Mark/kg. Der Erfinder des Medikaments, Prof. Paul Ehrlich, führt jedoch aus, daß die Herstellung des Medikaments 8000 Mark/kg kostet, die Spanne für den Apotheker liegt bei 50%. Der Gewinn des Herstellers, der Farbwerke Hoechst, wird teils dazu verwendet, die Kosten der Entwicklung zu decken, teils laut Satzung für die Krebsbekämpfung.

Malaria in Deutschland

Im Kreis Pleß/Schlesien tritt die Malaria noch endemisch auf. Unbedeutende Herde finden sich auch noch bei Wilhelmshaven und in Ostfriesland. Die Malaria heißt im Volksmund *die böse Tante* oder *die kalte Krankheit.*

Eine Prophezeiung

Prof. Paul Ehrlich sagt im *Louis-Pasteur-Institut* in Paris voraus, daß innerhalb der nächsten 10 Jahre ungeheure Fortschritte in der Bekämpfung der ansteckenden Krankheiten erzielt sein werden. Mit Hilfe der Röntgenstrahlen werde man vielleicht sogar den Krebs überwinden.

Vorbeugung

Die *Behring-Werke* in Marburg werden gegründet und Diphtherie- und Tetanus-Seren im großen produziert.

Der amerikanische Automobilfabrikant Henry Ford stiftet 1 Mill. $ für die Krebs- und Tuberkulosebekämpfung.

Strahlen als Heilmittel

In aller Welt wird mit Radium und Röntgenstrahlen bei der Krebsbekämpfung experimentiert.

Auf einer Tagung in Frankfurt/Main berichtet Friedrich Dessauer, daß es ihm gelungen ist, Radiumstrahlen künstlich zu erzeugen, so daß

Altbewährtes Mittel gegen Erkältungen.

Röntgen-Untersuchungen und Therapien in Zukunft viel billiger sein können, da dafür kein Radium mehr benötigt wird.
Die *Quarzlampen-Gesellschaft* in Hanau, 1906 gegründet, legt ihren Schwerpunkt auf die Nutzung von Ultraviolettstrahlen für therapeutische Zwecke.

Chirurgie

Zum ersten Mal gelingt es, einen abgetrennten Oberarm mit Erfolg wieder anzunähen.
Der russische Arzt Dr. Woronow verpflanzt in Nizza die Schilddrüse eines Affen mit Erfolg einem Kind.

Das Standesbewußtsein

Die sächsischen Ärzte wenden sich gegen den Versuch, an der Universität Leipzig einen Lehrstuhl für Naturheilkunde zu errichten.
Die Berliner Zensur verbietet einen Film, in dem gezeigt wird, wie sich ein Arzt in unehrlicher Weise an seinen Patienten bereichert. Das Volk soll nicht »in seinem Vertrauen zum Ärztestand erschüttert« werden.

Krankheitserreger

Das Medical Council von Philadelphia/USA beschäftigt sich mit der Frage, ob Wolken Krankheitserreger weitertragen. Zum ersten Mal wurden 1755 Bakterien im Schnee entdeckt, der in den Südalpen niedergegangen war. Nicht der Staub selbst, der niedergeht, interessiert die Forscher, sondern die Bakterien, die angeblich mit dem Staub zusammen auf die Erde fallen.
Verschiedene Forscher entdecken gleichzeitig den Erreger der ansteckenden Gelbsucht.

Der tödliche Druck

Einige Monate vor Kriegsbeginn berichtet der belgische Chirurg Laurent der Französischen

Akademie der Wissenschaften darüber, daß man im modernen Krieg getötet werden kann, ohne von einem Geschoß getroffen zu werden: durch den Luftdruck.

Innere Medizin

Der russische Physiologe Prof. Iwan Pawlow, der bereits 1904 den Nobelpreis für Medizin für seine Erforschung der Verdauungstätigkeit des Magens erhalten hat, stellt in neuen Untersuchungen fest, daß Qualität und Quantität der Verdauungssäfte des Magens sich nach der Art der Nahrung richten.
Edward C. Kendall gelingt zum ersten Mal die Herstellung des Schilddrüsen-Hormons Thyroxin.
Otto Warburg entdeckt das erste Atmungsferment.

Sexualforschung

1. April: Es erscheint die erste Nummer der *Zeitschrift für Sexualwissenschaft,* offizielles Organ der seit dem Vorjahr bestehenden Ärztlichen Gesellschaft für *Sexualwissenschaft und Eugenik.*
Für den Herbst plant die *Internationale Gesellschaft für Sexualforschung* ihren ersten Kongreß, der in Berlin stattfinden soll.

Verhaltensforschung

Alfred Adler gibt die *Internationale Zeitschrift für Individualpsychologie* heraus.
Nach Ansicht des französischen Forschers Felix Regnault, die er der Biologischen Gesellschaft in Paris vorgetragen hat, benutzt der Mensch die linke Hand vorwiegend, um stetig sich gleichbleibende Muskelbewegungen zu vollziehen, die rechte Hand hingegen für zartere und kompliziertere Anstrengungen. Er hält dieses Muster für angeboren.

Politische Neuigkeiten aus aller Welt

Europa

In Schweden stürzen die Bauern Ministerpräsident Karl A. Staaff.

Die britische Hochseeflotte stattet Kiel einen Besuch ab.

König Georg V. von England stattet Frankreich einen Besuch ab.

In Frankreich schließt sich die Opposition, die um einen Ausgleich mit Deutschland bemüht ist, um die SFIO, die sozialistische Partei, zusammen und erhöht in Wahlen ihren Anteil um 32 auf 102 Sitze.

Der Senegalese Blaise Diagne wird der erste Schwarzafrikaner mit Sitz im französischen Parlament.

Im Frühjahr arbeitet Lenin an seiner Schrift über das *Selbstbestimmungsrecht der Nationen.*

29. August: Lenin übersiedelt in die neutrale Schweiz.

6. bis 8. September: Auf einer bolschewistischen Konferenz in Bern werden Lenins Thesen *Die Aufgaben der revolutionären Sozialdemokratie im europäischen Krieg* angenommen.

März: Der italienische Ministerpräsident Giovanni Giolitti, der seit 1908 eine Politik des sozialen Ausgleichs versucht, muß zurücktreten, sein Nachfolger wird der rechtsliberale Antonio Salandra.

März: Wilhelm Prinz zu Wied, neu gewählter *Mbret* (König) von Albanien, das 2 Jahre zuvor unabhängig geworden ist, zieht in seiner Hauptstadt Durazzo ein, muß sie jedoch im September wegen eines Aufstandes wieder verlassen.

Italien besetzt den albanischen Hafen Valona.
Der Zar von Rußland stattet der rumänischen Hafenstadt Constanza einen Besuch ab.

Afrika

19. Dezember: Ägypten wird britisches Protektorat.
1. Januar: Nord- und Südnigeria werden zur britischen Kolonie Nigeria vereinigt.
Der Stamm der Duala an der Küste der Kolonie Kamerun erhebt sich gegen die deutsche Herrschaft, der Aufstand wird jedoch niedergeschlagen.
23. Februar: Frankreich schließt die Komoren-Inseln im Indischen Ozean Madagaskar an.
In Südafrika erheben sich die Buren gegen die britische Herrschaft, ihre Revolte wird allerdings niedergeschlagen.
Der aus Indien eingewanderte Rechtsanwalt Mahatma Gandhi erreicht in der *Smuts-Gandhi-Übereinkunft* einige Vorteile für die bisher diskriminierten Inder. Anschließend kehrt er nach Indien zurück.
Südafrika erläßt das *Riotous Assemblies*-Gesetz, durch das politische Versammlungen und Streiks mit Gewalt verhindert werden können.

Asien

10. Januar: Präsident Yüan löst eigenmächtig das Parlament auf und führt in China eine Militärdiktatur ein.
3. Juli: In Simla/Indien wird ein Abkommen zwischen Großbritannien, Tibet und China geschlossen, das die Chinesen nicht unterzeichnen: Großbritannien verzichtet auf Tibet, Tibet bleibt innerhalb Chinas vollkom-

men autonom, China kann jedoch einen Vertreter mit 300 Mann nach Tibet entsenden.

In Niederländisch-Indien bildet sich unter dem Einfluß niederländischer Sozialisten eine sozialdemokratische Partei.

Australien Australien erhält die Norfolk-Inseln zwischen Neukaledonien und Neuseeland.

Amerika Juli: In Mexiko kommt es nach dem Sturz des Präsidenten Huerta zu Machtkämpfen zwischen den Revolutionären mit chaotischen Begleiterscheinungen. Die USA intervenieren.

Die Hauptstadt Mexiko City wird von Truppen der revolutionären Bauernführer Villa und Zapata besetzt.

Nachdem Kolumbien auf Panama verzichtet hat, verpflichten sich die USA im Thomson-Urrutia-Vertrag, Kolumbien eine Entschädigung zu zahlen.

In Venezuela wird nach dem Sturz des Präsidenten Castro unter dem Nachfolger Gómez die Verfassung reformiert.

Kunst und Literatur, Verschiedenes

Das sollten Sie unbedingt wissen

In diesem Jahr erscheinen *Die Verliese des Vatikan* von André Gide und *Tonio Kröger* von Thomas Mann, dessen Werk übrigens bereits zum Stoff für Universitäten wird.

Auf der Bühne, die wie alle anderen Bereiche der Kunst auch, noch sehr unter der Zensur zu leiden hat, wird *Der Snob* von Carl Sternheim uraufgeführt.

Der große Zauberer der Bühne ist Max Reinhardt,

der berühmteste Schauspieler Alexander Moissi,

der größte Sänger Enrico Caruso.

Während in Frankreich bereits der Kubismus einsetzt,

entstehen in Deutschland Hauptwerke des Expressionismus, *Die Windsbraut* von Oskar Kokoschka und *Sinnende* von Wilhelm Lehmbruck,

Paul Klee und August Macke werden von der Farbenpracht des Orients verzaubert,

die größten Skandale machen die Futuristen in Italien und die Konstruktivisten in Rußland.

Walter Gropius errichtet einen wegweisenden Bau für die moderne Architektur: die Fagus-Werke.

Daß Richard Wagners Werke frei werden, führt zu einer Flut von Wagner-Aufführungen.

Zwei Künstler werden 50 Jahre alt:

Richard Strauss, auf dem Höhepunkt seines Ruhms,

Frank Wedekind, der Dramatiker, der immer noch Unterstützung braucht.

Der internationale Kulturaustausch wird von keinerlei nationalen Vorurteilen behindert.

Der Winter ist extrem kalt, der Sommer besonders schön.

Deutscher Fußballmeister wird die SpVgg Fürth.

Aller Jubiläumsdaten, die mit den Befreiungskriegen 1814 und dem Krieg gegen Dänemark 1864 zusammenhängen, wird intensiv gedacht.

Literarische Neuerscheinungen

Johannes R. Becher, *Verfall und Triumph*
G. K. Chesterton, *The Flying Inn*
Joseph Conrad, *Spiel des Zufalls*
Theodore Dreiser, *Der Titan*
Svend Fleuron, *Die rote Koppel*
Leonhard Frank, *Die Räuberbande*
Alexander Moritz Frey, *Solneman, der Unsichtbare*
André Gide, *Die Verliese des Vatikans*
Alexander v. Gleichen-Rußwurm, *Schiller*
Stefan George, *Der Stern des Bundes*
Friedrich Gundolf, *Shakespeare in deutscher Sprache* (seit 1908, letzter Band von 10)
Gunnar Gunnarsson, *Die Leute auf Borg* (letzter von 4 Bdn.)

Walter Hasenclever, *Der Sohn*
Carl Hauptmann, *Krieg. Ein Tedeum*
Hermann Hesse, *Roßhalde*
Ricarda Huch, *Der große Krieg in Deutschland* (letzter von 3 Bdn.)
James Joyce, *The Dubliners*
Georg Kaiser, *Die Bürger von Calais*
Selma Lagerlöf, *Jans Heimweh*
Else Lasker-Schüler, *Der Prinz von Theben*
Wyndham Lewis, *Vorticists*

Schuhreklame

Thomas Mann, *Tonio Kröger*
Christian Morgenstern, *Wir fanden einen Pfad*
Erich Mühsam, *Wüste, Krater, Wolken*
Franz Nabl, *Ödhof* (letzter von 2 Bdn.)
Rudolf Alexander Schröder, *Deutsche Oden*
Ernst Stadler, *Der Aufbruch*
August Stramm, *Du*
Hermann Sudermann, *Die Lobgesänge des Claudian*
Georg Trakl, *Gedichte*
Karl Voßler, *Italienische Literatur der Gegenwart von der Romantik zum Futurismus*
Frank Wedekind, *Simson*
Wenz (Hg.), *Fridthiofs-Saga*
Anton Wildgans, *Armut*
Josef Winckler, *Eiserne Sonette*
Fedor v. Zobeltitz, *Das Geschlecht der Schelme*

Philosophische und wissenschaftliche Neuerscheinungen

E. D. Adrian, *Das Alles- oder Nichtsprinzip im Nerven*
Bernhard Bavink, *Ergebnisse und Probleme der Naturwissenschaften*
A. H. Blaauw, *Licht und Wachstum*
Ernst v. Dryander, *Evangelische Reden in schwerer Zeit*
Franz M. Feldhaus, *Die Technik der Vorzeit, der geschichtlichen Zeit und der Naturvölker*
Aloys Fischer, *Deskriptive Pädagogik*
Elisabeth Förster-Nietzsche, *Der einsame Nietzsche*
A. Görland, *Ethik als Kritik der Weltgeschichte*

Ernst Haeckel, *Gott-Natur*
Magnus Hirschfeld, *Die Homosexualität des Mannes und des Weibes*
Ricarda Huch, *Natur und Geist als Wunder des Lebens und der Kunst*
Karl Kautsky, *Der politische Massenstreik*
Richard Knötel, *Uniformkunde* (18 Bde., jetzt vollständig)
R. Kögel, *Die Palimpsest-Photographie*
Wladimir Lenin, *Der Krieg und die russische Sozialdemokratie*
–, *Karl Marx*
A. Liebert, *Das Problem der Geltung*
Rosa Luxemburg, *Militarismus, Krieg und Arbeiterklasse*
Rudolf Martin, *Lehrbuch der Anthropologie*, 3 Bde.
F. Müller-Lyer, *Soziologie der Leiden*
Hugo Münsterberg, *Grundzüge der Psychotechnik*
Julius Petersen, *Literaturgeschichte als Wissenschaft*
C. Pratt, *Unterricht vom Kinde her*
Bertrand Russell, *Our Knowledge of the External World*
H. N. Russel, *Wahrscheinliche Entwicklung der Sterne*
Albert Schweitzer (mit Widor), *Bachs Orgelwerke* (jetzt vollständig)
Nathan Söderblom, *Das Werden des Gottesglaubens*
Othmar Spann, *Gesellschaftslehre*
Eduard Spranger, *Lebensformen*
Carl Stange, *Christentum und moderne Weltanschauung*
Rudolf Steiner, *Die Rätsel der Philosophie*
W. Stern, *Psychologie der frühen Kindheit*

Johannes Volkelt, *System der Ästhetik*
John B. Watson, *Behavior*
Friedrich v. Wieser, *Theorie der gesellschaftlichen Wirtschaft*

Literarisches Leben

Seit Gutenberg Ein französischer Bibliothekar hat errechnet, wie viele Bücher seit der Erfindung der Buchdruckerkunst 1436 bis 1908 veröffentlicht worden sind: 11 638 810. Um 1500 kamen pro Jahr etwa 200 Bücher heraus, um 1700 etwa 10 000, 1887 waren es bereits 100 000 und 1908 174 375.

Die deutsche Buchproduktion In diesem Jahr veröffentlichen die deutschen Verlage über 29 000 Neuerscheinungen, im Jahr zuvor waren es noch über 35 000, im Jahre 1900 jedoch noch keine 25 000 Stück.

Groschenhefte Im Reich werden jährlich für 10- und 20-Pfennig-Romane etwa 50 bis 60 Mill. Mark ausgegeben. Die neueste Erfolgsserie heißt *Hans Stark, der Fliegerteufel.*

Die Insel-Bücherei April: Von den Bändchen der Insel-Bücherei sind nach 1¾ Jahren 1 Mill. Exemplare verkauft.

Wenig gelesen Die öffentlichen Bibliotheken geben eine Liste derjenigen Schriftsteller bekannt, deren Bücher wenig ausgeliehen werden. Darunter befinden sich: Alexis, Auerbach, Bulwer, Chamisso, Dickens, Fontane, Franzos, Goethe, Grillparzer, Hauff, Herder, Heine, E. Th. A. Hoffmann, Immermann, Kügelgen, Lessing, Manzoni, Mörike, Sachs, Simrock, Stifter, Storm, Tolstoi, Uhland, R. Voß.

Zum Gedächtnis

In Nürnberg gelingt es endlich, das Geburtshaus von Hans Sachs nachzuweisen: Brunnengasse 23.
Das Goethe-Nationalmuseum in Weimar wird nach einem Umbau neueröffnet.
Das seit 1880 erscheinende *Goethe-Jahrbuch* erscheint nun als *Jahrbuch der deutschen Goethe-Gesellschaft.*

Verschiedene Neuigkeiten

Prof. Withop von der Universität Freiburg/Br. liest in diesem Sommersemester über Thomas Mann, der auch selber aus seinen Werken vorträgt.
In den *Münchner Neuesten Nachrichten* vom 11. Juni kommt der französische Präsident Raymonde Poincaré mit einem Artikel über den französischen Geist zu Wort.
Maxim Gorki verkauft seinem Verleger die Rechte an seinem Gesamtwerk für 480000 Mark.

Die Zensur

Der preußische Staat verbietet die *Tolldreisten Geschichten* von Balzac wegen Unsittlichkeit.
Mai: Der Staatsanwalt in Berlin beschlagnahmt gleich 3 Nummern (10, 13, 14) der Zeitschrift *Die Aktion,* die Franz Pfemfert herausgibt.

Neue Archive

In Freiburg/Br. gründet John Meier das *Deutsche Volksliederarchiv.*
Der *Verband deutscher Vereine für Volkskunde* ruft dazu auf, deutsche Segens- und Beschwörungsformeln zu sammeln.

Die Sorbonne in Paris baut ein Phonogrammarchiv auf. Auch junge Dichter wie Apollinaire und Verhaeren sprechen ihre Verse in den Phonographen.

Aus Bibliotheken

In Leipzig nimmt die *Deutsche Zentralstelle für volkstümliches Büchereiwesen* ihren Betrieb auf.
Nach 2jähriger Vorarbeit legen die deutschen Bibliotheken zum ersten Mal ein *Gesamtzeitschriftenverzeichnis* vor, das 17 190 Nummern aufführt.

Kinderfasching

Bretter, die die Welt bedeuten

Uraufführungen

In diesem Jahr werden die folgenden Stücke uraufgeführt:
Gabriele d'Annunzio, *Amaranth,* in Rom
Alexander Blok, *Der Unbekannte,* in Moskau, unter der Regie von Wsewolod Meyerhold
Paul Ernst, *Ariadne auf Naxos,* in Weimar
Roda Roda und Gustav Meyrink, *Die Uhr,* in München
Carl Sternheim, *Der Snob,* in Berlin, mit Albert Bassermann in der Titelrolle
Anton Wildgans, *Armut,* in Wien

Die Zensur

Die bayerische Zensur hat 3 Dramen verboten, die andernorts ungehindert aufgeführt werden durften: Hinnerks *Närrische Welt,* Wedekinds *Simson* und Essigs *Der Schweinepriester.*
Die britische Zensur gibt nach 23jähriger Sperre Ibsens Drama *Gespenster* zur Aufführung frei.

Jahresgehälter der Spitzen der Gesellschaft

30000 bis 40000 Mark: Staatssekretäre, kommandierende Generale, populäre Stars von Oper und Operette,
21000 Mark: die Oberpräsidenten der 13 preußischen Provinzen, Primaballerinen,
10000 bis 12000 Mark: Generalmajore, Brigadekommandeure, vortragende Räte, Oberpostdirektoren, der Direktor des Deutschen Reichstages, die Landgerichtspräsidenten, durchschnittliche Schauspieler oder Sänger mit festem Engagement,
8000 bis 9000 Mark: der Direktor der Berliner Nationalgalerie, durchschnittliche Operettensänger mit festem Engagement.

Diese Liste wird aufgestellt in Zusammenhang mit der Frage, ob die Theatergagen in Deutschland nicht zu hoch sind.

Max Reinhardt

Der Regisseur Max Reinhardt hat mit dem Schauspieler Alexander Moissi einen Vertrag mit einer Jahresgage von 100 000 Mark abgeschlossen.
April: Max Reinhardt gibt bekannt, daß der Plan, in Berlin ein *Theater der 5000* zu gründen, indem man den Zirkus Schumann umbaut, gescheitert ist.

Religion ist in

In der *Jugend* dichtet Pips anläßlich des Theaterskandals, den der Schriftsteller Artur Dinter in einem Berliner Zirkus verursacht hat, weil Max Reinhardt in einer Inszenierung von Karl Vollmoellers *Das Mirakel* (Musik: Engelbert Humperdinck) religiöse Themen in der Manege darstellt:

Mich auch ekelt's an – ich sag' es offen! –
Wie man oft jetzt oberammergauert
Und nach christlich-religiösen Stoffen
Dichtet, mimt und malt und bilderhauert;
In der Kunstausstellung stammt ein Drittel
Aller Bilder schnurstracks aus der Bibel.
Dramen gibt's mit Mystik schon im Titel
Und die besten sind im Ton horribel!

Verschiedenes

In Berlin wird die *Volksbühne* eröffnet.
Im Amphitheater zu Verona werden in diesem Sommer aufgeführt: *Alkestis* von Aischylos, *Die Bacchantinnen* von Euripides und *Der Karren des Dionysos*.

Neue Werke der Bildenden Künste

Malerei und Graphik

Pierre Bonnard, *Feldblumen*
Georges Braque, *Guitarrenspieler*
Marc Chagall, *Der grüne Jude*
Lovis Corinth, *Kalla-Stilleben*
–, *Selbstbildnis*
Ernst Heckel, *Kniende am Stein*
–, *Schneetreiben*
–, *Hockende*
Karl Hofer, *Am Meeresstrand*
–, *Die Fruchtschale*
Ernst Ludwig Kirchner, *Rheinbrücke in Köln*
Oskar Kokoschka, *Die Windsbraut,* ein Hauptwerk des Expressionismus, heute im Kunstmuseum Basel
–, *Tre Croci*
–, *O Ewigkeit, Du Donnerwort,* Lithographien zur Bach-Kantate
Franz Marc, *Turm der Pferde*
–, *Kämpfende Formen*
Henri Matisse, *Frauen am Meer*
Emil Nolde, *Tropenwald*
Pablo Picasso, *Absinthglas*
Auguste Renoir, *Tilla Durieux*
Karl Schmidt-Rottluff, *Frauen am Strand*
–, *Katzen*
–, *Die Tanne*
Max Slevogt, *Ägyptische Landschaften* (20 Nummern)
Maurice Utrillo, *Vorstadtstraße*

Die Frau des französischen Expressionisten Robert Delaunay, Sonia Delaunay-Terk, eine gebürtige Russin, stellt *Elektrische Prismen* her.

Plastik

M. Duchamp-Villon, *Pferd,* Bronzeplastik, heute im Musée de l'Art Moderne in Paris.
Max Klinger, *Friedrich Nietzsche* (im Auftrag des Nietzsche-Verlegers Alfred Kröner).
Wilhelm Lehmbruck, *Sinnende,* ein Hauptwerk der expressionistischen Plastik, 1913 begonnen.
Alexander Rodschenko arbeitet an seinen ersten konstruktivistischen Plastiken.

Architektur

Walter Gropius und Adolf Meyer vollenden den 1911 begonnenen Bau der Fagus-Werke in Alsfeld an der Leine, der durch die großzügige Verwendung von Glas auffällt.
Die Volksbühne am Bülow-Platz in Berlin, 1913 begonnen und von Oskar Kaufmann entworfen, wird vollendet.
In Dresden wird das Schauspielhaus eröffnet, das von Hans Max Kühne entworfen wurde.

Gutbürgerliche Küche.

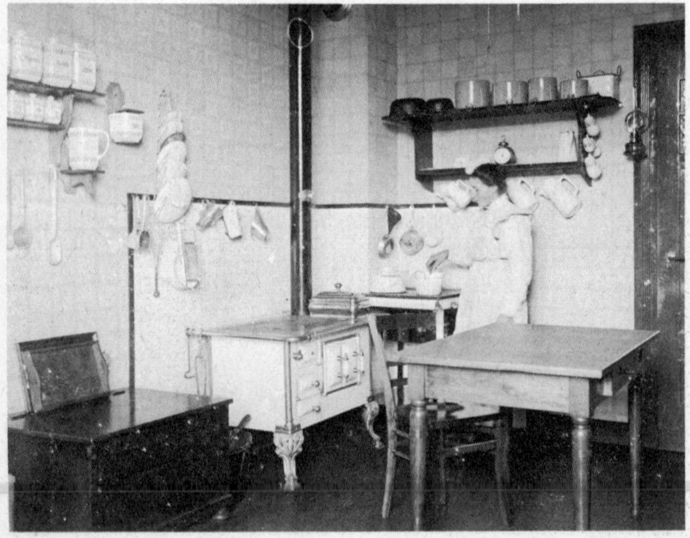

In Zürich wird das von Karl Moser entworfene Universitätsgebäude fertiggestellt.
Der finnische Architekt Eliel Saarinen vollendet den 1904 entworfenen, 1910 begonnenen Bau dcs Hauptbahnhofs von Helsinki.
Der junge italienische Architekt Sant' Elia, der der *Nuove Tendenze* angehört, stellt in Mailand sein Projekt *Città Nuova* vor.
In Berlin wird die Staatsbibliothek eröffnet, mit deren Bau 1903 begonnen wurde.

Literatur und Kunst

Paul Fechter, *Der Expressionismus*
Goethe, *Benvenuto Cellini,* illustriert mit 300 Lithographien von Max Slevogt
Wilhelm Hausenstein, *Die bildende Kunst der Gegenwart* (erster Hinweis auf Paul Klee).
Prosper Merimée, *Carmen,* mit 38 Stichen von Picasso
Wilhelm Uhde, *Henri Rousseau*

Eßzimmer

Kunst von gestern

Nackt ist unerwünscht In Berlin werden nach wie vor alle Postkarten wegen Verbreitung von *Unzucht* von der Staatsanwaltschaft beschlagnahmt, wenn sie berühmte Kunstwerke nackter Menschen zeigen. Beschwerden werden vom Justizminister ausdrücklich zurückgewiesen.

Verstaubt! Im Rahmen der Großen Berliner Kunstausstellung am Lehrter Bahnhof wird im Ehrensaal eine Rückschau auf die »Berliner Kunst aus der Zeit Wilhelms I.« gezeigt, die als sehr verstaubt beurteilt wird.

Der Mäzen In der Sommerausstellung der Münchener *Sezession* kauft König Ludwig III. von Bayern die folgenden Bilder an:

Schlafzimmer

Hans Borchardt, *Am Flügel*
Bernhard Buttersack, *Frühlingstag an der Amper*
Charles Vetter, *Kurfürstenzimmer in der Münchener Residenz*
Eugen Wolff, *Korridor*

Der Geschmack des Kaisers

In Berlin streitet man sich um das geplante Kolonialdenkmal. Den 1. Preis im Wettbewerb hat der Bildhauer Behn gewonnen, aber dem Kaiser gefällt nur die Idee Behns, der einen Elefanten in den Mittelpunkt gestellt hat, nicht dessen Ausführung. Daraufhin wird der Wettbewerb neu und für einen anderen Platz ausgeschrieben. Eingeladen werden die Bildhauer Behn, Gaul und Tuaillon, allen wird zur Auflage gemacht, die zentrale Idee Behns zu verwenden.

Wohnzimmer

Der Kolonialmaler Der Kolonialmaler Ernst Vollbehr folgt einer Einladung des Herzogs Adolf Friedrich von Mecklenburg, die deutsche Kolonie Togo zu malen. Die anderen deutschen Kolonien hat er bereits in Gemälden festgehalten.

Kunstausstellungen des Jahres

Die Werkbund-Ausstellung In Köln findet eine große *Werkbund*-Ausstellung statt. Der belgische Künstler Henry van de Velde baut ein Theater dafür. Gegen die Ausstellung erheben die katholischen Pfarrer Kölns Einspruch, da einige Werke das sittliche Empfinden verletzen.
Der Maler Helmut Herzfeld erhält den ersten Preis der *Werkbund*-Ausstellung für den Entwurf eines Wandfrieses.

Sezessionen In Berlin wird die erste Ausstellung der *Freien Sezession* eröffnet. Über diese Ausstellung schreibt der Kunstkritiker Erich Hancke: »Die diesjährige Ausstellung der Sezession zeigt unsere Kunst in vollem Niedergang.« Es ist darin auch vom »Terrorismus« der modernen Künstler die Rede.
Auf der Sommerausstellung der Münchener *Secession* sind u. a. vertreten: Max Beckmann, Egon Schiele, Max Liebermann, Lovis Corinth, Emil Orlik.
30. Mai bis 1. Oktober: Die *Neue Münchener Secession* veranstaltet ihre erste Ausstellung. Paul Klee, ein Gründungsmitglied, zeigt auf ihr 8 Aquarelle von seiner Tunis-Reise.

Chagall Durch den französischen Dichter Apollinaire lernt Chagall den Berliner Kunsthändler Herwarth Walden kennen, der ihm in seiner Galerie *Der Sturm* eine Ausstellung neben den Werken von Paul Klee und Alfred Kubin einräumt.

Pariser Szenen Als das große Kunstereignis von Paris in diesem Sommer gilt die Ausstellung der Impressionistin Berthe Morisot.
Die Galerie Levesque in Paris zeigt Werke des expressionistischen deutschen Bildhauers Wilhelm Lehmbruck.

In New York Die New Yorker Galerie Stieglitz zeigt zum ersten Mal Plastiken des rumänischen Bildhauers Constantin Brancusi, daran anschließend stellt sie Negerskulpturen aus.

Die italienischen Futuristen

Werke Umberto Boccioni, *Pittura e scultura futurista*
Boccioni/Carrà/Marinetti/Piatti/Russolo, *Futuristische Synthese des Krieges*
Corra/Settimelli, *Gewichte, Maße und Preis des künstlerischen Genies*
Filippo Tommaso Marinetti, *Der geometrische und mechanische Glanz und die numerische Sensibilität*
A. Sant'Elia, *Die futuristische Architektur*

Ausstellungen 11. Februar: An der Freien Futuristischen Internationalen Ausstellung in der Galerie Sprovieri in Rom nehmen einige russische Künstler teil.
3. März: In Florenz wird eine Ausstellung mit Skulpturen von Boccioni eröffnet.

Das berühmte Konzert

22. April: In Mailand nehmen trotz hoher Eintrittspreise 2000 Personen an dem ersten futuristischen Konzert teil, das E. T. Marinetti veranstaltet und der Maler Russolo dirigiert. Das Konzert steht unter dem Titel *Die Kunst Lärm zu machen* und gliedert sich in 3 Teile: 1. *Das Erwachen einer Stadt*, 2. *Auf der Terrasse des Kursaals Diana*, 3. *Automobile und Aeroplane*. Das Publikum wirkt mit Kindertrompeten, Blechtrichtern, Trambahnpfeifen, Automobilhupen usw. mit, so daß von dem eigentlichen Konzert nicht viel zu hören ist. Ein Kritiker schreibt:

»Nein, Herr Kollege, ich bin auch gegen diese Richtung –, da findet ja kein Deibel die Unzucht raus!«

Karikatur von Karl Arnold aus dem ›Simplicissimus‹.

»Als sich der Vorhang hob, wurde auf der Bühne das neue Orchester der Zukunft sichtbar. Ein überwältigender Anblick: Im Halbkreis aufgestellt etwa ein Dutzend Riesengrammophone; hinter jedem drehte ein ausübender Künstler auf den Wink des Dirigenten-Malers die Kurbel.«
Das Riesenspektakel endet in einer großen Keilerei, die Polizei greift ein, die Künstler verschanzen sich in einem Restaurant. Es ist nicht der erste Abend der Futuristen in Mailand, der so stürmisch verläuft.

Im Ausland

März: Die italienischen Futuristen besuchen die Ateliers moderner französischer Künstler in Paris.
23. April: Italienische Futuristen stellen in London aus. Marinetti besucht Moskau und Petersburg und trifft im *Club Cabarett* mit Puni, Rosanowa und Popowa zusammen.

Im Krieg

15. September: Die Futuristen veranstalten in Mailand eine *Intervenistische Manifestation* für den Kriegseintritt Italiens gegen Österreich, werden verhaftet, aber bald wieder freigelassen.
9. und 11. Dezember: Die Futuristen wiederholen ihre Manifestation in Rom, Balla trägt dabei den grün-weiß-roten »antineutralen« Anzug.

Die russische Kunstszene

Moskau und Petersburg

In Moskau findet die 3. Ausstellung des *Karo-Bube* statt.
In Petersburg hat Natalia Gontscharowa eine Ausstellung mit 249 Werken.

Michail Larionow veranstaltet in Moskau die Ausstellung Nr. 4, die Futuristen und Primitive vereinigt.
Bei der 3. Konferenz Marinettis in Moskau werden David Burljuk und Majakowski als Exhibitionisten bezeichnet: Burljuk hat das Gesicht mit Ornamenten bemalt und trägt einen Holzlöffel, Majakowski trägt ein gelbes Hemd unter dem Abendanzug.

Internationale Kontakte

Der moderne russische Maler Michail Larionow verläßt zusammen mit dem Ballettmeister und Tänzer Sergej Diaghilew Rußland und geht nach Paris.
Der russische Maler Chagall kehrt von seinen Reisen nach Deutschland und Frankreich nach Rußland zurück und wird dort vom Krieg überrascht.
Die russische Malerin Natalia Gontscharowa entwirft für Diaghilews Pariser Ballett *Coq d'Or* das Bühnenbild. Bei Kriegsausbruch kehrt sie nach Rußland zurück.
Der russische Maler Wassili Kandinsky kehrt bei Kriegsausbruch nach Rußland zurück.
Vor Kriegsausbruch kehrt der russische Künstler El Lissitzky mit dem Diplom der TH Darmstadt nach Moskau zurück.

Kunstwissenschaft und Kunsthandel

Entdeckungen

Der bekannte Rembrandt-Forscher und Berliner Museumsdirektor Wilhelm Bode hat seinen Rembrandt-Katalog aus dem Jahr 1902 mit 539 echten Bildern inzwischen um etwa weitere 125 echte Bilder aufgestockt.

Der französische Forscher Lechalas hat festgestellt, daß fast alle Maler auf ihren Bildern Regenbogen völlig falsch darstellen, sowohl was die Anordnung der Farben, als auch was die Stellung des Regenbogens angeht. Eine vernünftige Begründung für diese Fehler gibt es nicht.
Zum ersten Mal wird erkannt, daß Röntgenstrahlen für die Untersuchung von Gemälden wichtig werden können.
In Venedig wird eine Dürer-Zeichnung entdeckt, in Lützschena 2 Grünewald-Zeichnungen.

Museumsprobleme

Der Louvre in Paris beschäftigt derzeit 500 Diener, von denen allerdings nur 75 zur Beaufsichtigung der Kunstwerke angestellt sind. Die nächtliche Strecke für den einmaligen Rundgang durch das Museum zur Kontrolle beträgt 5 km.
März: In London sind viele Museen geschlossen, da man nicht weiß, wie man die Kunstwerke vor dem Angriff von Suffragetten schützen soll.

Kunsthandel

In Paris wird die *Cowpersche Madonna* von Raffael für 2,8 Mill. Mark verkauft.
Die Galerie Thannhauser in München erwirbt auf einer Auktion in Paris ein berühmtes Gemälde von Pablo Picasso: *Die Gaukler*.
In Paris wird darüber beraten, wie man lebende Künstler und deren Erben am Wertzuwachs beim Verkauf ihrer Werke beteiligen kann.

Aus dem Leben der Künstler

Paul Klee in Tunis

6. bis 22. April: Über Ostern reisen Paul Klee, August Macke und Louis Moilliet nach Tunesien. Die Reise wird durch den Berner Apotheker Charles Bornand finanziert, der Klee zu diesem Zweck 8 Zeichnungen und Aquarelle abkauft. In Tunesien begreift Klee das von ihm so lange gesuchte Geheimnis der Farbe und wird Maler. Siehe Kairouan-Aquarelle von Klee und Macke.

Biographische Nachrichten

Der *Brücke*-Maler Karl Schmidt-Rottluff verbringt den Sommer in Holstein. Zum einzigen Mal äußert er sich selbst öffentlich über seine Kunst, und zwar in der Zeitschrift *Kunst und Künstler*. Die Galerie Gurlitt in Berlin widmet ihm zum ersten Mal eine Sonderausstellung.

Der Maler Max Liebermann wird Ehrenpräsident der *Freien Sezession.*

Der deutsche Maler Lovis Corinth besucht die Riviera, Rom und das Engadin.

Der französische Maler Fernand Léger hält in Berlin einen Vortrag über *Malerei heute.*

Der deutsch-französische Bildhauer Hans (Jean) Arp geht nach Paris.

Der russische Bildhauer Alexander Archipenko läßt sich in Nizza nieder.

Der französische Expressionist Robert Delaunay übersiedelt nach Spanien.

Der russische Bildhauer Jacques Lipchitz bereist mit dem mexikanischen Maler Diego Rivera Spanien.

Kein Plagiat

Das Reichsgericht entscheidet, daß es Max Klinger erlaubt ist, seine Radierungen nach den Gemälden *Toteninsel* und *Frühlingstag* von Arnold Böcklin zu vertreiben.

Für die Olympiade Der Maler Franz v. Stuck erhält den Auftrag, das Plakat für die Olympischen Spiele 1916 in Berlin zu entwerfen.

Neue Musik

Alban Berg, *3 Orchesterstücke*, op. 6
Ferruccio Busoni, *Nocturne Symphonique für Orchester*, op. 43
Paul Graener, *Don Juans letztes Abenteuer*, in Leipzig
Engelbert Humperdinck, *Die Marketenderin*, in Köln
G. Francesco Malipiero, *Impressioni dal Vero für Orchester*, 2. Teil, bis 1915
S. Prokofieff, *Sarcasmes für Klavier*, op. 17
Erik Satie, *Sports et divertissements* für Klavier
Franz Schmidt, *Notre Dame*, in Wien, nach Victor Hugo
Arnold Schönberg, *6 Gesänge für Orchester*, op. 8, in Prag
Christian Sinding, *Der heilige Berg*, in Dessau
Richard Strauss, *Josephslegende*, in Paris
Igor Strawinsky, *Pribaoutki*, für Singstimme und 8 Instrumente
–, *Die Nachtigall*, nach einem Märchen von Andersen
Felix Weingartner, *Kain und Abel*, in Darmstadt
Ralph Vaughan Williams, *London Symphonie*
Karl Michael Ziehrer, *Das dumme Herz*

Die musikalische Szene

Berühmte Tenöre

Enrico Caruso veröffentlicht ein Buch: *Wie man singen soll.* Nachdem Caruso beschuldigt wird, seitenweise aus einem anderen Buch abgeschrieben zu haben, erklärt er, daß er nicht eine einzige Zeile geschrieben hat und sein Name mißbraucht worden ist.

Caruso erhält zur Zeit in München eine Abendgage zwischen 10000 und 11000 Mark, in den USA werden ihm nun 12000 Mark geboten.

Benjamino Gigli, ein Tenor aus Italien, erregt zum ersten Mal größere Aufmerksamkeit.

Max Reger

Der Komponist Max Reger legt wegen Arbeitsüberlastung sein Kapellmeisteramt am Hoftheater zu Meiningen nieder, das er seit 1911 ausübt.

Deutsche Dirigenten

Zum ersten Mal lädt die Mailänder Scala einen deutschen Dirigenten ein: Arthur Nikisch soll die Opern Richard Wagners einstudieren.

In diesem Jahr fällt der Dirigent Karl Muck für die Salzburger Mozart-Festspiele aus, an seine Stelle tritt Felix Weingartner.

Bruno Walter erhält eine Einladung, an der Grand Opera in Paris 2 Wagner-Opern zu dirigieren.

Eine Berliner Gesellschaft filmt Dirigenten bei ihrer Arbeit mit einem Orchester und läßt anschließend andere Orchester mit demselben Werk von dem gefilmten Dirigenten leiten – nach dem Urteil des bekannten Dirigenten Felix Weingartner mit verblüffendem Erfolg.

Der Parsifal wird frei

Da die Urheberrechte an den Opern Richard Wagners freiwerden, häufen sich die Aufführungen. In aller Welt wurden im 1. Vierteljahr dieses Jahres Wagner-Opern 994mal gespielt, davon *Parsifal* 319mal, *Tannhäuser* 150mal, *Lohengrin* 122mal und die *Meistersinger* 101mal.

In Rom wird der *Parsifal* sogar in die Nachmittagsvorstellungen übernommen, für die der folgende Anschlag gilt:

»Ingresso gratis ai bambini accompagnati.« (Eintritt frei für Kinder in Begleitung.)

Der Kritiker schreibt:

»...nachmittags gegen 5 Uhr pilgerte das Publikum familienweise mit Kind, Amme und Kindermädchen zum *Parsifal.* ›Ich sah das Kind an seiner Mutter Brust‹, singt Kundry im 2. Akt: Sie brauchte nur die Augen auf den Zuschauerraum zu richten, um den gleichen lieblichen Anblick ein paar dutzend Male zu genießen... Man bekam *Knabenstimmen aus der Höhe* zu hören, von denen nichts in der Partitur steht. Aber die Römer sind so glücklich organisiert, daß sie sich durch solche Kleinigkeiten ihren Kunstgenuß nicht beeinträchtigen lassen.«

In Mantua/Italien wenden sich die Abonnenten gegen eine *Tristan*-Aufführung, die Oper wird als Schlafmittel bezeichnet, statt dessen soll Verdi gespielt werden.

In Moskau wird die Aufführung von Wagners *Parsifal* vom Heiligen Synod der russisch-orthodoxen Kirche verboten.

In Paris wird unter der Leitung von Felix Weingartner Wagners *Meistersinger* zum ersten Mal in deutscher Sprache und mit großem Erfolg aufgeführt.

Die Bayreuther Festspiele werden bei Kriegsausbruch abgebrochen. Das Defizit, was dadurch entsteht, deckt die Familie Wagner aus ihrer Privatschatulle.

Verschiedene Nachrichten

4. bis 6. Juni: III. Leipziger Bach-Fest.
Im Amphitheater zu Verona werden wie immer Opern unter freiem Himmel aufgeführt. In diesem Jahr Bizets *Carmen* unter Mitwirkung spanischer Stierkämpfer und Tänzerinnen.

Verschiedenes aus aller Welt

Blüten aus Reichstagsreden

»Wenn jemand am Sonntag früh gestorben ist, so hat er doch wirklich Zeit, bis Montag früh sich einen Grabstein zu bestellen.«
»Wir sind der Meinung, daß die Junker nicht ein werbendes, sondern ein fressendes Inventar der Volkswirtschaft sind.«
»Der Streikgendarm ist der Nagel, an dem demnächst das Koalitionsrecht aufgehängt werden wird.«
»Wenn Sie das sagen, wird Ihnen ein Lächeln entgegenschallen.«
»Der heilige Immanuel Kant würde sich ob dieser Logik der Regierung im Grabe umdrehen, wenn er noch lebte.«
»Wir wollen doch an den alten Krankenschwestern nicht rütteln.«
»Die Beamten auf der Reichsversicherungsanstalt für Privatbeamte müssen arbeiten wie die eingepökelten Heringe.«
»Wir müssen den Beamten zu einem festen Verhältnis verhelfen.«
»Vor 2 Jahren, als wir die Vereinheitlichung

der Eisenbahnen forderten, hat uns das Reichseisenbahnamt den theoretischen kleinen Finger geboten.«

Bäder und Kurorte

Im Reich gibt es 250 Mineralquellen, 5 reine Moorbäder, 1 Sandbad (Köstritz), 25 Nordseebäder, 88 Ostseebäder und 118 Luftkurorte.

Die 250 Mineralquellen verteilen sich auf 94 Kochsalzquellen und Solbäder (Baden-Baden, Wiesbaden, Nauheim, Kissingen, Reichenhall, Kösen usw.), 44 Eisenquellen (Elster, Alexandersbad, Langenschwalbach, Liebenstein, Lobenstein usw.), 27 Schwefelquellen (Aachen, Landeck usw.), 25 einfache und erdige Säuerlinge (Wildungen, Teinach, Brückenau usw.), 24 alkalische Quellen und 36 Bitterquellen, einfache warme Quellen

Die neuesten Hüte werden am Strand vorgeführt.

(Wildbad, Schlangenbad, Warmbrunn usw.) und einfache kalte Quellen.

Wie ist das Wetter

11. Januar: Seit dem 30. Dezember des Vorjahres wütet besonders an der Pommerschen Küste in Intervallen eine Sturmflut, die schlimmste seit 1872.
Mitte Januar: In Deutschland herrscht derzeit »sibirische Kälte«. Die oberbayerischen Seen sind zugefroren, es werden große Eisfeste darauf abgehalten.
Der Sommer verspätet sich etwas, ist dafür aber ungewöhnlich schön.

Der Wein

Ein Wein des Jahrgangs 1914 ist im allgemeinen von minderer Qualität.

Damentennis – mit Hut, langen Ärmeln und langem Rock.

Linke Seite: Sehen die Deutschen tatsächlich so aus oder werden sie erst so, wenn sie deutschen Wein trinken?

Sport-nachrichten

Deutscher Fußballmeister wird die SpVgg Fürth durch einen 3:2 Sieg über den VfB Leipzig.

5. April: Das Fußball-Länderspiel gegen die Niederlande in Amsterdam endet 4:4.

Österreichischer Fußballmeister wird der Wiener AF.

Schweizer Fußballmeister wird der FC Aarau.

Im Deutschen Galopp-Derby siegt Ariel unter G. Archibald.

Sieger im Davis-Pokal wird Australien.

In den USA kommt das Wasser-Skifahren auf. Noch heißt es *Wassergleiten.*

Aaba nee!

Das Berliner Telephonbuch (1140 Seiten stark) beginnt mit dem Eintrag: »Aaba Expreß-Buchdruckerei, Eilanfertigung für Geschäfte, Vereine und Familien«. Kürschners *Deutscher Literatur-Kalender* beginnt mit: »Aaba Aaba«, dem Pseudonym für Alexander Roda Roda. Beide haben wahrscheinlich gelernt von dem bisher ersten Eintrag im Berliner Telephonbuch: »Aaba, absolut aufmerksamer, allgemein aparter, auf allerschnellsten Anruf bewährter Krankenpfleger- und Schwestern-Verein E. V.«

Englische Spezial-Schirme

In Großbritannien sind zu Jahresbeginn neuartige Regenschirme zum Patent angemeldet worden, so ein Regenschirm, der auf dem Rücken befestigt wird, damit man die Hände frei hat; ein Schirm mit asymmetrisch angeordnetem Griff, damit man tatsächlich unter der Mitte des Schirmes gehen kann; ein Schirm mit einer Signalpfeife zur Vermeidung von Zusammenstößen; ein Schirm mit mechanischer Musikerzeugung zur Unterhaltung usw.

Das Begräbnis-auto

In San Francisco/Kalifornien wird das Begräbnisauto eingeführt, das nicht nur Platz für den Sarg und die Kranzspenden, sondern auch noch für 40 Trauergäste bietet.

Perfekte Sekretärin

In New York stellt Frl. Owen einen neuen Weltrekord im Schreibmaschinen-Schnellschreiben auf: 125 Worte in der Minute.

Ein böser Scherz

1. April: Ein Züricher Bürger erhält einen Brief vom Finanzamt, daß er seit Jahren zu wenig Steuern zahle und gefälligst nun seinen

wahren Verdienst nennen solle. Daraufhin antwortet der Bürger entschuldigend und gibt für die Zukunft den doppelten Betrag an. Erst anschließend erfährt er, daß er einem Aprilscherz zum Opfer gefallen ist.

Wozu ist die Freiheitsstatue gut?

Der Stadtrat von New York beschäftigt sich mit der Frage, ob die Freiheitsstatue abgerissen werden soll: Die Unterhaltskosten sind zu hoch, sie nimmt zu viel Platz weg, sie gibt der Schiffahrt nicht genügend Licht, sie nimmt den anderen Leuchttürmen das Geld weg, sie ist völlig durchlöchert und baufällig.

Freibier

21. bis 23. Juli: Während der belgischen Nationalfeiertage wird Manneken Pis in Brüssel zum ersten Mal nicht Wasser, sondern Freibier »ausschenken«. Das Glas muß man mitbringen. Die Polizei wird des Andranges kaum Herr.

Sommerzeit

In Großbritannien wird zum ersten Mal die Sommerzeit eingeführt.

Berühmte Zeitgenossen

16. Februar: Ernst Haeckel wird 80 Jahre alt. Er hat in Deutschland den Darwinismus populär gemacht.
14. März: Paul Ehrlich, der Begründer der Chemotherapie, wird 60 Jahre alt. 1908 erhielt er den Nobelpreis für Medizin, 1910 entdeckte er das *Salvarsan* zur Bekämpfung der Syphilis.
27. April: Der Schweizer Maler Albert v. Keller, der in München lebt, wird 70 Jahre alt.

Er ist berühmt als Maler reizvoller Genrebilder und eleganter Damen.
12. Mai: Der schwäbische Schriftsteller Cäsar Flaischlen wird 50 Jahre alt.

Richard Strauss

11. Juni: Der Komponist Richard Strauss wird 50 Jahre alt. Aus diesem Anlaß bringen einige Opern einen Zyklus seiner Bühnenwerke heraus. Der Komponist erhält auch die Ehrendoktorwürde der Universität Oxford, bekleidet mit dem Mantel, den Joseph Haydn bei der gleichen Gelegenheit trug.
In London kommen zu einem Empfang des Music Clubs für Richard Strauss auch Claude Debussy und Igor Strawinsky. Das Festkonzert leitet Arthur Nikisch.
18. Juli: Die Schriftstellerin Ricarda Huch wird 50 Jahre alt.
19. Juli: Der französische Maler des Impressionismus Edgar Degas wird 80 Jahre alt.

Frank Wedekind

24. Juli: Der Dramatiker Frank Wedekind wird 50 Jahre alt. Aus diesem Anlaß wird ein Spendenaufruf veröffentlicht, um dem Autor eine Ehrengabe überreichen zu können. Der Aufruf ist u. a. unterzeichnet von: Herbert Eulenberg, Maximilian Harden, Friedrich Kayßler, Thomas Mann und Felix Salten.
Ein weiterer Aufruf für Wedekind richtet sich an die Theaterleiter, die aufgefordert werden, einen Zyklus seiner Werke herauszubringen. Es unterzeichnen: Lovis Corinth, Maximilian Harden, Wilhelm Herzog, Max Liebermann, Heinrich und Thomas Mann, Albert Steinrück, Franz v. Stuck und Albert Weisgerber.
18. August: Kaiser Franz Joseph wird 84 Jahre alt.

29. Januar: Vor 100 Jahren starb der deutsche Philosoph Johann Gottlieb Fichte, der Hauptvertreter des Idealismus.
6. Februar: Vor 150 Jahren wurde in Leipzig eine *Zeichnungs-, Malerei und Architekturakademie* gegründet, aus der die *Leipziger Buchgewerbeakademie* entstand. 4 Wochen zuvor war in Dresden die *Königliche Kunstakademie* gegründet worden.
27. Februar: Vor 100 Jahren fand während der Befreiungskriege gegen Napoleon die Schlacht bei Bar sur Aube statt, in der die Franzosen wiederum geschlagen wurden und der spätere Kaiser Wilhelm I. sich das Eiserne Kreuz erwarb.
5. März: Vor 100 Jahren wurde der Historiker Wilhelm v. Giesebrecht geboren, Verfasser des Standardwerkes *Geschichte der Deutschen Kaiserzeit.*
7. März: Vor 200 Jahren wurde der Frieden zu Rastatt geschlossen, durch den der Spanische Erbfolgekrieg beendet wurde. Nicht mehr die Österreicher, sondern die Franzosen bestimmten, wer den spanischen Thron bestieg.
8. oder 14. März: Vor 200 Jahren wurde Karl Philipp Emanuel Bach, ein Sohn Johann Sebastian Bachs, geboren.
9. März: Vor 100 Jahren kämpfte Blüchers Armee in der Schlacht bei Laon gegen Napoleons Truppen.
17. März: Vor 50 Jahren fand das Seegefecht vor Jasmund statt, das der preußischen Marine die Feuertaufe brachte. Aus ihr ging die heutige Kaiserliche Marine hervor.

31. März: Vor 100 Jahren hielten König Friedrich Wilhelm III. von Preußen und Zar Alexander I. von Rußland mit 30000 Mann ihrer Garden Einzug in Paris. Bei dieser Gelegenheit erklang zum ersten Mal der heute so populäre *Pariser Einzugsmarsch.*

Die Fledermaus

5. April: Vor 40 Jahren wurde im Theater an der Wien die Operette *Die Fledermaus* unter der Leitung des Komponisten Johann Strauß uraufgeführt. Aus einer Kritik:
»Strauß trat ans Pult, begrüßt von einem Beifallssturm, der eine heiße unbedingte Liebeserklärung war, von der Majorität der Hörer ihrem Liebling ausgesprochen. Die Ouvertüre beginnt, die Geigen intonieren das erste Walzermotiv – stürmischer Beifall! Ein neues Motiv – donnerndes Händeklatschen... und so spielte das Publikum gewissermaßen bei dieser ersten Aufführung mit.«
7. April: Vor 300 Jahren starb der spanische Maler El Greco, der eigentlich Domenico Theotocopuli hieß und, wie sein Künstlername sagt, aus Griechenland stammte.

Das Rote Kreuz im Einsatz

18. April: Vor 50 Jahren erstürmten die Preußen unter Prinz Friedrich Carl die Düppeler Schanzen. Auf dem Schlachtfeld von Düppel bewähren sich zum ersten Mal die Brüder des *Rauhen Hauses* aus Hamburg-Horn, die hinter dem Gründer dieser Anstalt der Inneren Mission, Johann Wichern, Kandidat der Theologie, in den Kugelregen hinausgingen, um die Verwundeten zu bergen und zu pflegen. Alle Brüder trugen das Rote Kreuz auf weißem Grund am Arm.
Zum ersten Mal beschäftigte sich eine inter-

nationale Konferenz am 31. Oktober 1863 in Genf mit dem Problem der unversorgten Verwundeten. Am 6. Februar 1864 war das *Zentralkommitee des preußischen Vereins zur Pflege im Felde verwundeter und erkrankter Krieger* gegründet worden.

Shakespeare-Jubiläum

23. April: Vor 350 Jahren wurde der englische Dramatiker William Shakespeare geboren. Der Kaiser von Österreich und der König von England haben der *Deutschen Shakespeare-Gesellschaft* (Weimar) aus Anlaß ihres 50jährigen Jubiläums je 500 Mark gespendet.

6. Mai: Vor 10 Jahren starb der Maler Franz v. Lenbach.
20. Mai: Vor 100 Jahren wurde in Berlin der klassizistische Bildhauer Gottfried Schadow geboren.
20. Mai: Vor 250 Jahren wurde in Hamburg der Barock-Architekt und -Bildhauer Andreas Schlüter geboren. Sein Hauptwerk ist das Berliner Stadtschloß, das zum Vorbild vieler Schlösser im protestantischen Nordeuropa wurde.

Der Begründer der Graphologie

24. Juni: Vor 100 Jahren wurde Adolf Henze geboren, der Begründer der Graphologie in Deutschland. 1862 gab er sein entscheidendes Werk heraus: *Chirogrammatomantie.*
30. Juni: Vor 100 Jahren wurde der Regisseur Franz v. Dingelstedt geboren, einer der bedeutendsten Theaterleiter des 19. Jahrhunderts.
2. Juli: Vor 200 Jahren wurde der Komponist Christoph Willibald Gluck *(Orpheus und Eurydike)* in Brüx/Böhmen geboren.

Speisen-Folge.

Königin-Suppe

St. Péray mousseux

—

Seezunge nach Marguéry

1903er Valwigsberger

—

Rehrücken garniert, Trüffelsauce

1900er Piesporter

1896er Florimond

—

Frischer Hummer, warm, mit Butter

1895er Château Latour blanche

—

Junge Pute

Kompott & Salat

Lefournier jeune demi-sec

—

Stangenspargel

1893er Château Mouton d'Armailhacq

—

Eis

—

Käse & Dessert

—

Mokka

Kognak, Liköre.

Speisekarte für eine Einladung zu einem 75. Geburtstag.

Tiſch-Muſik.

1. Marſch aus „Wenn die Bombe platzt“ . . . . Lincke
2. Ouvertüre zu „Stradella“ . . Flotow
3. Zigeunertanz aus „Carmen“ . Bizet
4. Fantaſie aus „Fledermaus“ . Strauß
5. Ballſirenen-Walzer aus „Die luſtige Witwe“ . . . . . Léhar
6. Zwei ungariſche Tänze . . . Brahms
7. Mein Kuſinchen aus „Der Teufel lacht dazu“ . . . Hollaender
8. Mattchiche-Marſch, nach ſpaniſchen Motiven . . . Clery Clery

Bitte plattdeutsch nicht vergessen

3. Juli: Vor 100 Jahren wurde in Rostock John Brinckmann geboren. Neben Fritz Reuter und Klaus Groth ist er der Dritte im Bunde der großen plattdeutschen Schriftsteller. Im Unterschied zu Reuter schrieb er kein Schriftplatt, sondern so, wie platt tatsächlich gesprochen wurde. Sein bekanntestes Werk ist *Kasper Ohm un ick.*

Wer war verrückt?

25. November: Vor 100 Jahren wurde Robert Mayer geboren, von dem das grundlegende Gesetz über die Erhaltung der Energie stammt. Er kam in einem Irrenhaus um, in dem ihm der Größenwahn ausgetrieben werden sollte, ein bedeutender Entdecker und Forscher zu sein.

Vor 300 Jahren veröffentlichte John Napier seine Logarithmen-Tafeln.

Die Universität Groningen in den Niederlanden begeht ihren 300. Geburtstag.

Mit 73 ein Jüngling

Der bekannte Schauspieler Ernst v. Possart begeht sein 50jähriges Bühnenjubiläum. Er ist nun 73 Jahre alt und spielt in der Jubiläumsvorstellung des Münchener Hoftheaters mit Bravour den Jüngling Franz Moor in Schillers *Räuber.*

Die Universität Kiel begeht ihr 50jähriges Jubiläum.

Der Erfinder des Tennis

Vor 40 Jahren erfand der englische Major Walter Clopton Wingfield das Rasentennis, dessen Ursprünge allerdings wesentlich älter sind. Die Engländer, des Crocketts müde, stürzten sich auf das neue Spiel. Wingfield konnte der Nachfrage kaum entsprechen, pro Woche lieferte er mit Mühe nur 12 Paar

Schläger. Daraufhin umgingen die Crockettfabrikanten seine Patente, indem sie die Regeln, die Zählweise und die Platzform etwas änderten (so, wie man heute spielt) und führten das Tennis zum endgültigen Sieg.

Kochbücher sind wichtig Zur Erinnerung an die berühmte Kochbuchautorin Henriette Davidis *(Praktisches Kochbuch)* hat die Reichsbahn den Kamin ihres Wohnhauses in die Mauer einer Bahnunterführung in ihrem Wohnort Wenger/Ruhr eingefügt.

Die größte Kerze In Erinnerung an den amerikanischen Millionär und Wohltäter Pierpont Morgan haben Italiener die größte Kerze der Welt gestiftet. Sie ist 5 m hoch, wiegt 360 Pfund, hat am Fuß einen Durchmesser von 45 cm, an der Spitze von 15 cm und hat 1500 $ gekostet, davon allein 300 $ die Verzierungen in Hochrelief und mit Goldplättchen. Sie besteht aus reinem Bienenwachs und wurde in 4,5 Monaten gefertigt. Sie soll im Vatikan aufgestellt werden und immer nur an Allerseelen brennen, so daß sie Tausende von Jahren leuchtet.

Die Toten des Jahres

13./14. Januar: Alfred Lichtwark, der Leiter der Hamburger Kunsthalle, der als der bedeutendste deutsche Museumsdirektor gilt. Er sammelte insbesondere die Kunst des 19. Jahrhunderts.

Sir John Tenniel 27. Februar: Im Alter von 93 Jahren stirbt der berühmteste Karikaturist des *Punch,* Sir John

Tenniel. Er hat in 50 Jahren 3000 Karikaturen geliefert. 1893 wurde er in den Adelsstand erhoben. Von ihm stammt die berühmte Bismarck-Karikatur: »Der Lotse verläßt das Schiff.«
12. März: George Westinghouse, der Erfinder der Luftdruckbremse.
25. März: Frédéric Mistral, neuprovençalischer Dichter, der 1904 den Nobelpreis erhalten hat.
31. März: Herkomer, Sir Hubert, englischer Maler deutscher Herkunft, der in seiner neuen Heimat populär geworden ist.

Der König des Varietés

31. März: Benjamin Keith, der König des Varietés. Vor genau 30 Jahren eröffnete er in Boston die erste Music Hall, heute besitzt er in den USA 75 große Varieté-Theater. 1882 stellte Keith, arbeitslos und auf der Suche nach Verdienst, in einem Bostoner Schaufenster das Wunderbaby Alice aus, 3 Monate alt, aber nur 1,5 Pfund schwer. Der Erfolg war so groß, daß er auf die Idee kam, sein Programm zu einer Dauervorstellung auszubauen. Am 6. Juli 1885 hob sich um 10.30 der Vorhang zu einer Vorstellung, die erst um 22.30 endete. Damit war seine Karriere gesichert. Vor 20 Jahren engagierte er eine Kunstpfeiferin für eine Wochengage von 1000 Mark. Heute zahlt er Lilian Russell 12000 Mark Wochengage und setzt damit weltweit die Maßstäbe.
31. März: Christian Morgenstern, an Tuberkulose. Lyriker, besonders bekannt durch seine hintersinnigen *Galgenlieder, Palmström* usw.
2. April: Paul Heyse, deutscher Schriftsteller, der 1910 den Nobelpreis erhielt.

26. April: Richard Knötel, der bedeutendste Uniformhistoriker.

Charley's Tante

19. Juni: Brandon Thomas, englischer Theaterschriftsteller. Sein Schwank *Charley's Tante* ist einer der größten und andauerndsten Theatererfolge. Die Uraufführung des Stückes (1892 in London) kostete den Unternehmer 20 000 Mark und brachte ihm 740 000 Mark ein, Brandon selbst nahm einige Zeit pro Woche 60 000 Mark an Tantiemen ein.
21. Juni: Bertha v. Suttner, österreichische Pazifistin, die 1905 den Friedensnobelpreis erhalten hat.
19. Juli: Alexander Conze, Archäologe, der Ausgräber von Pergamon.
29. Juli: Johann Sperl, realistischer Maler aus dem nächsten Kreis um Wilhelm Leibl.
31. Juli: Jean Jaurès, französischer Sozialist und Pazifist, ermordet.
20. August: Papst Pius X. (seit 1903).

Ludwig Frank – der einzige!

3. September: Dr. Ludwig Frank, Reichstagsabgeordneter jüdischer Herkunft. Er ist der einzige Abgeordnete, der sich kriegsfreiwillig gemeldet hat; er fällt am ersten Tag seines Einsatzes durch Kopfschuß. Durch seine Meldung wollte er beweisen, daß die Zustimmung der SPD zu den Kriegskrediten nicht nur ein taktischer Schachzug war.
5. September: Charles Péguy, idealistischer französischer Dichter, in der Marne-Schlacht. Aus dem Nachruf in *Die Aktion:*
»...hat für die Menschheit gelebt und starb für die groteske Idee, die sich die übelsten seiner Landsleute von nationaler Ehre machten.«

Keine Witze mehr

16. September: Viktor Arnold, berühmter Komiker der Reinhardt-Bühne, durch Selbstmord. Bei Kriegsausbruch hat er einen Nervenzusammenbruch erlitten. Als der Komponist Felix Holländer ihn aufheitern will:

»In ein paar Tagen werden Sie wieder ihre Witze reißen und über Ihren jetzigen Zustand lachen«,

schüttelt Arnold nur den Kopf:

»Nie mehr kommt aus meinem Mund ein Scherz.«

16. September: Der Burengeneral Delarey, der sich gegen den Einsatz der südafrikanischen Armee in Deutsch-Südwest ausgesprochen hat, wird (versehentlich?) von einer Polizeistreife erschossen.

26. September: Hermann Löns, der Dichter der Lüneburger Heide, der sich kriegsfreiwillig gemeldet hat, beim Angriff auf Reims.

26. September: August Macke, Angehöriger der *Brücke*-Maler, an der Westfront.

28. Oktober: Richard Heuberger, österreichischer Operettenkomponist *(Der Opernball)*.

30. Oktober: Ernst Stadler, in Flandern; expressionistischer Lyriker.

3. November: der österreichische Lyriker Georg Trakl, einer der bedeutendsten Expressionisten, durch Selbstmord.

26. November: Alfred Walter Heymel, Schriftsteller, Mitbegründer der *Insel* und des Insel-Verlages.

Der Krieg

Das sollten Sie unbedingt wissen

28. Juni: In Sarajewo wird das österreichische Thronfolgerpaar ermordet.
6. Juli: Deutschland sichert Österreich-Ungarn Unterstützung ohne Einschränkung zu.
20./23. Juli: Frankreich sichert Rußland Unterstützung zu.
23. Juli: Österreich-Ungarn stellt Serbien ein Ultimatum.
25. Juli: Rußland sichert Serbien Unterstützung zu, daraufhin beantwortet Serbien das Ultimatum ausweichend.
28. Juli: Österreich-Ungarn erklärt Serbien den Krieg.
29. Juli: Rußland eröffnet die Kette der Mobilmachungen.
1. August: Deutschland erklärt Rußland den Krieg.
3. August: Deutschland erklärt Frankreich den Krieg und marschiert in Belgien ein; Italien erklärt seine Neutralität.
4. August: England erklärt Deutschland den Krieg.
6. August: Österreich-Ungarn erklärt Rußland den Krieg.
11./12. August: Frankreich und Großbritannien erklären Österreich-Ungarn den Krieg.

17. August: Deutsche Truppen nehmen die Forts von Lüttich, die stärksten der Welt.

23. August: Japan erklärt Deutschland den Krieg.

25. August: Deutsche Truppen zünden Löwen an.

26. bis 30. August: Hindenburg vernichtet bei Tannenberg eine russische Armee.

26. August bis 12. September: Die Russen schlagen bei Lemberg die Österreicher.

30. August bis 5. September: Die deutschen Truppen dringen über die Marne vor und bedrohen Paris.

5. bis 12. September: In der Marne-Schlacht zwingen die Franzosen die Deutschen zum Rückzug.

6. bis 15. September: In der Schlacht in den Masuren zwingt Hindenburg eine weitere russische Armee zum Rückzug.

22. September: In dem ersten U-Bootangriff der Seekriegsgeschichte vernichtet *U9* unter Otto Weddigen 3 britische Panzerkreuzer.

28. September: In Galizien treten deutsche und österreichische Truppen zu einem erfolgreichen Gegenangriff an.

28. September: Die Türkei schließt die Dardanellen.

28. Oktober: Die Türkei eröffnet den Seekrieg im Schwarzen Meer.

2. November: Die Briten beginnen die Blokkade der Nordsee.

2./5. November: Rußland, Frankreich und Großbritannien erklären der Türkei den Krieg.

Der Weg in den Krieg

Der Mord 28. Juni: Während einer Truppeninspektion in Sarajewo ermordet der serbische Nationalist Princip den österreichischen Thronfolger Franz Ferdinand, Erzherzog von Österreich, und dessen morganatisch angetraute Frau Sophie von Hohenberg und schafft damit den Anlaß für den Ausbruch des Weltkrieges.

Was dumm ist 30. Juni: Graf Berchtold erklärt dem deutschen Botschafter in Wien, v. Tschirsky, zum ersten Mal, daß man etwas gegen Serbien unternehmen muß. Tschirsky warnt vor übereilten Schritten. Daraufhin schreibt Wilhelm II. an den Rand seines Berichtes:
»Wer hat ihn dazu ermächtigt? Das ist sehr dumm! Geht ihn gar nichts an, da es lediglich Österreichs Sache ist, was es hierauf zu tun gedenkt. Nachher heißt es dann, wenn's schiefgeht, Deutschland hat nicht gewollt! Tschirsky soll den Unsinn gefälligst lassen! Mit den Serben muß aufgeräumt werden, und zwar bald.«

Gobelins, Frauen und Pferde Der österreichische Außenminister Leopold v. Berchtold wird vom Fürsten Windisch-Grätz folgendermaßen geschildert:
»Ein sehr angenehmer Weltmann, mit dem es sich gut leben läßt. Der richtige After-dinner-Mensch, beim schwarzen Kaffee ein amüsanter Causeur über Gobelins, Frauen und Pferde; ein Ironiker, der schwer zu fassen ist, seine Gesinnung glatt und glänzend wie ein Hofparkett, leichtsinnig, leichtfertig und in Anbetracht seiner Befugnisse über 52 Mill. Menschen von ahnungsloser Frivolität...«

Der Weg in den Abgrund

6. Juli: Das Deutsche Reich sichert Österreich-Ungarn absolute Bündnistreue zu, irgendwelche Bedingungen werden nicht damit verknüpft. Der französische Botschafter in Berlin fragt den deutschen Außenminister: »Wissen Sie, wohin Österreich Sie führen wird?«
Der russische Außenminister sagt dazu: »In Berlin liegt zweifellos der Schlüssel der Situation.«

Die Entscheidung bleibt Wien überlassen

2. Dezember: Reichskanzler Bethmann-Hollweg später vor dem Reichstag: »Wir ließen... Österreich völlig freie Hand in seiner Aktion gegen Serbien... Vom ersten Augenblick des Konflikts an haben wir auf dem Standpunkt gestanden, daß es sich hierbei um eine Angelegenheit Österreichs handelt, die es allein mit Serbien zum Austrag zu bringen haben würde.«

Rußland und Frankreich

20. bis 23. Juli: Bei einem Besuch in Petersburg sichert der französische Präsident Raymond Poincarè Rußland Bündnistreue zu. Die Großfürstin Anastasia während des französischen Besuches:
»Der Krieg wird ausbrechen... Von Österreich wird nichts mehr übrigbleiben... Sie werden sich Elsaß und Lothringen zurücknehmen... Unsere Armeen werden sich in Berlin vereinigen... Deutschland wird vernichtet werden.«
Rußland nimmt in Frankreich eine Anleihe zur Vergrößerung seines Heeres auf.

Das Ultimatum

23. Juli: Österreich-Ungarn stellt Serbien ein Ultimatum, das sich wie eine Anordnung für

das Dienstpersonal liest. Seine Annahme würde eine Einschränkung der serbischen Souveränität bedeuten.

Rußland unterstützt Serbien

25. Juli: Rußland entscheidet sich dafür, Serbien zu unterstützen, falls Österreich-Ungarn den Krieg gegen Serbien eröffnet, auch wenn dadurch Rußland in einen Krieg hineingezogen wird. Daraufhin gibt Serbien Österreich-Ungarn nur eine ausweichende Antwort. Die diplomatischen Beziehungen zwischen beiden Ländern werden abgebrochen, beide machen mobil.

Ritterlichkeit erbeten

Die serbische Antwort wird dem österreichischen Gesandten mit folgendem Zusatz überreicht:
»Einen Teil der Forderung haben wir angenommen; für den Rest verlassen wir uns auf die Ritterlichkeit der k.u.k. Regierung.«

Kein Kriegsgrund

Als Wilhelm II. die Antwort der serbischen »Mordbuben« liest, die Deutschland erst nach 2 Tagen Verspätung, auf Anforderung hin, von Österreich erhält, meint er:
»Eine brillante Leistung für bloß 48 Stunden, das ist mehr, als man erwarten konnte. Ein großer moralischer Erfolg für Wien; aber damit fällt jeder Kriegsgrund fort. Darauf hätte ich niemals Mobilmachung befohlen.«

Der Anfang vom Ende

Der ungarische Ministerpräsident Stefan Graf Tisza spricht sich gegen einen Krieg gegen Serbien aus, wird allerdings in Wien überstimmt.
28. Juli: Österreich-Ungarn erklärt Serbien den Krieg.

England warnt

27. Juli: Der britische Außenminister Sir Edward Grey vor dem Unterhaus:
»Es muß jedem, der nachdenkt, klar sein, daß in dem Augenblick, wo der Streit aufhört, einer zwischen Österreich-Ungarn und Serbien zu sein, und ein Streit wird, in den eine weitere Großmacht verwickelt ist, dies mit einer der größten Katastrophen enden kann, die jemals Kontinentaleuropa heimgesucht hat. Niemand kann voraussagen, wie die ausgebrochenen Streitigkeiten enden werden, ihre direkten und indirekten Folgen sind unberechenbar.«

31. Juli, 15 Uhr, Berlin, Unter den Linden: Leutnant v. Viehahn verliest die Allgemeine Mobilmachung.

29. Juli: Der britische Marineminister Winston Churchill hält die Flotte, die gerade ein Manöver abhält, zusammen.

Mobilmachung

29./30. Juli: Rußland macht in 2 Schritten mobil.

31. Juli: Österreich-Ungarn beschließt die Generalmobilmachung, Deutschland erklärt den Zustand drohender Kriegsgefahr und fordert Rußland in einem auf 12 Stunden befristeten Ultimatum auf, die Mobilmachung zurückzunehmen, sowie Frankreich, Rußland im Kriegsfall nicht zu unterstützen.

Die Herausforderung angenommen

1. August: Da Rußland nicht antwortet, erklärt ihm Deutschland den Krieg und macht mobil. Ebenso macht Frankreich mobil. In der Kriegserklärung an Rußland findet sich der Satz:
»Seine Majestät, mein erhabener Gebieter, nimmt im Namen des Reiches die Herausforderung an und betrachtet sich als im Kriegszustand mit Rußland befindlich.«
1. August: Der Zar benennt seine Hauptstadt um: Statt Petersburg heißt sie nun Petrograd.

Italien neutral

3. August: Italien erklärt sich, obwohl es mit den *Mittelmächten* (Deutschland und Österreich-Ungarn) verbündet ist, für neutral.

Der Einfall in Belgien

3. August: Wenn Deutschland den Schlieffen-Plan durchführen will, ist Zeitgewinn wichtig. Daher erklärt Deutschland Frankreich den Krieg und marschiert gleichzeitig widerrechtlich in Belgien ein.
4. August: Durch die Aktion gegen Belgien erhält Großbritannien einen Grund, Deutschland den Krieg zu erklären. Der Kriegseintritt Großbritanniens wird von dem pazifistischen Flügel der Labour-Partei unter Ramsay MacDonald nicht gebilligt.

Die neutralen Staaten

4. August: Die USA erklären ihre Neutralität, beginnen jedoch recht bald damit, Großbritannien zu unterstützen.
4. August: Rumänien erklärt seine Neutralität.
August: Die Schweiz mobilisiert ihre Armee, um ihre Neutralität zu verteidigen. Es treten starke Spannungen zwischen dem deutschen und dem romanischen Landesteil auf.

Schweden verstärkt seine Flotte, um seine Neutralität gegenüber Rußland zu sichern.

Bis Jahresende

6. August: Österreich-Ungarn erklärt Rußland den Krieg. Gleichzeitig erklärt Serbien Deutschland den Krieg.

7. August: Das Königreich Montenegro erklärt Österreich-Ungarn den Krieg, am 11. August folgt die Kriegserklärung an Deutschland.

11. August: Frankreich erklärt Österreich-Ungarn den Krieg, am 12. August folgt Großbritannien.

23. August: Japan erklärt Deutschland den Krieg.

2. bis 5. November: Rußland, Großbritannien und Frankreich erklären der Türkei den Krieg.

Voraussetzungen für den Krieg

Wem gehört die Erde

Bei Kriegsausbruch gehören 21% der Erde mit 18% der Bevölkerung selbständigen Staaten, 11% der Erde mit 22% der Bevölkerung fallen auf halbselbständige Staaten und 68% der Erde mit 60% der Bevölkerung auf imperialistische Staaten mit ihren Kolonien.

Militär in Deutschland

Im *Daily Mail* schreibt der Oberst eines deutschen Garderegiments zu Beginn des Jahres im Zusammenhang mit der Zabern-Affäre:

»In England bedeutet die Uniform nichts, in Deutschland alles. Sie wurde nicht... als ein Kostüm erfunden, um der Eitelkeit von Grünspechten zu dienen... sie wurde entworfen als das Symbol der Souveränität des Staates. Sie ist ein Wahrzeichen und die Verkörperung des Grundsatzes, daß unsere Armee unser alles ist... Die ausländische Welt wirft dem deutschen Offizier vor, sich eine Stellung der Überlegenheit über seine Mitbürger anzumaßen. Wir fordern diese Stellung nicht gerade, aber wir leben in einem Militärstaate und genießen sie zweifellos. Und das ist gut... der Staat ist das Höchste, und jene, die seine Livree tragen und seinen Dienst erfüllen, müssen eine Vorzugsbehandlung genießen. Glauben Sie nicht, das Leben eines deutschen Offiziers sei ein Reigen von autokratischem dolce far niente. Er erhebt sich mit dem Morgengrauen und arbeitet täglich 10 bis 12 Stunden für ein Gehalt, das ein Verkäufer oder ein Handlungskommis zurückweisen würde...«

Aufrüstung

Von 1907/08 bis 1913/14 steigen die Rüstungsausgaben:
in Großbritannien von 292 Mill. $ auf 385 Mill. $,
in Frankreich von 244 Mill. $ auf 277 Mill. $,
in Deutschland von 291 Mill. $ auf 352 Mill. $.

Der französische Vorsprung

Frankreich hat kurz vor Kriegsbeginn die 3jährige Dienstzeit eingeführt, die es allerdings nicht lange hätte durchhalten können, da der Schaden für die Wirtschaft zu groß ist. Bei Kriegsausbruch sind in Frankreich 9% der Bevölkerung aktiv gewesen, in Deutschland nur 5,7%; 12,6% sind in Frankreich militärisch ausgebildet, in Deutschland nur 7,5%. In Frankreich leisten 82,9% aller Tauglichen ihren Wehrdienst auch tatsächlich ab, in Deutschland nur 53,2%. Unter diesen Umständen gibt es in Deutschland bei Kriegsausbruch 835000 Männer, die tauglich, aber nicht militärisch ausgebildet sind.

Die Heeresstärken

Stärke der Feldheere bei Kriegsbeginn:
Deutschland: 2,3 Mill.,
Österreich-Ungarn 1,4 Mill.,
Mittelmächte zusammen 3,7 Mill.;
Frankreich 1,8 Mill.,
Rußland 3,4 Mill.,
Großbritannien 0,4 Mill. (Berufsheer),
Serbien 0,2 Mill.,
Entente zusammen 5,8 Mill.

Der deutsche Vorsprung

Da es die Deutschen wagen, sofort bei Kriegsbeginn zusammen mit den aktiven Truppen auch aktivierte Reservetruppen einzusetzen, sind sie anfangs deutlich überlegen. Die Reservekorps bestehen allerdings oft aus Kriegsfreiwilligen, die schlecht ausgebildet, schlecht ausgestattet und schlecht geführt sind. Die Kriegsfreiwilligen werden praktisch geopfert.

Die Artillerie

Die Deutschen verfügen über die bessere Artillerie: pro Armeekorps 160 Geschütze, darunter 10,5- und 15-cm-Haubitzen, die Franzosen nur über 120 Geschütze pro Korps, meistens 7,5-cm-Feldgeschütze.

3 Mann pro Meter

Pro Meter Front rechnet man 3 Mann. Da ein Armeekorps etwa 30000 Mann stark ist, nimmt es etwa 10 km ein.

Kriegsziele

28. August: Alfred Hugenberg, Vorsitzender der Krupp AG und des *Alldeutschen Verbandes,* und Heinrich Class legen in einer Denkschrift die Kriegsziele der Schwerindustrie nieder:
die Belgier sollen ihrer politischen Rechte beraubt und Belgien einverleibt werden,
die Flamen sollen assimiliert, die Wallonen versklavt werden,
Luxemburg und Teile Frankreichs sollen annektiert und die Bevölkerung ausgesiedelt werden,
ebenso soll die russische Grenze nach Osten verschoben und die slawische Bevölkerung ausgesiedelt werden,
der Industrie in den eroberten Ländern sollen hohe Kontributionen auferlegt werden, soweit sie nicht enteignet wird,
in allen Teilen der Welt sollen deutsche Kolonialreiche entstehen.

Kriegsfreiwillig!

Jeder meldet sich

Es melden sich so viele Männer kriegsfreiwillig, daß die Einschreibbüros vorübergehend geschlossen werden müssen. Unter den Gemeldeten befinden sich:
der 50jährige Dichter Richard Dehmel,
der stellungslose Österreicher Adolf Hitler,
der Schauspieler Alexander Moissi, der schnell naturalisiert wird, da er ursprünglich Italiener ist,
der *Lügenbaron,* Börries Freiherr v. Münchhausen;

Rechte Seite: Begeisterte Kriegsfreiwillige in den Straßen von Berlin.

auf der Gegenseite:
der französische Lyriker Guillaume Apollinaire, halb Italiener, halb Pole, der zuerst die französische Staatsbürgerschaft erhalten muß, um für Frankreich kämpfen zu dürfen, der belgische Dichter und Nobelpreisträger Maurice Maeterlinck.

Ein Freiwilligenheer

12. August: Die Zahl der Kriegsfreiwilligen liegt bereits bei 1,2 Mill. Auf deutscher Seite kämpfen zu Kriegsbeginn etwa 300 Kriegsfreiwillige schwarzer Hautfarbe.

Das Große Hauptquartier

Die Zusammensetzung

Dem Großen Hauptquartier Seiner Majestät des Kaisers und Königs gehören an: der Chef des Generalstabes des Feldheeres, beide Chefs des Militär- und Marine-Kabinetts des Kaisers, der preußische Kriegsminister, der Staatssekretär des Reichsmarineamtes oder sein Vertreter, der Chef des Admiralstabes, die Militärbevollmächtigten der Bundesstaaten Bayern, Sachsen und Württemberg sowie ein bevollmächtigter General für jeden auswärtigen Verbündeten.

Abfahrt an die Front. Die Züge waren mit optimistischen Parolen bemalt. Auf diesem Waggon steht: »Freifahrt nach Paris«.

Der Standort

3. August: Das Große Hauptquartier wird in Berlin mobilisiert.
17. August: Das Große Hauptquartier wird nach Koblenz verlegt.
31. August: Das Große Hauptquartier wird nach Luxemburg verlegt, von hier aus wird versucht, die Marne-Schlacht zu leiten.
25. September: Das Große Hauptquartier wird nach Mézières-Charleville an der Maas, etwa 100 km hinter der Front nordöstlich von Reims, verlegt.

Der Schlieffen-Plan

Alfred Graf v. Schlieffen, Generalstabschef von 1881 bis 1905, ging davon aus, daß Deutschland an 2 Fronten kämpfen muß: im Westen gegen Frankreich und im Osten gegen Rußland. Damit sollte er recht behalten.
Da er sich angesichts des unermeßlichen russischen Raumes und seiner großen Bevölkerung nichts von einem schnellen Krieg gegen Rußland versprach, wollte er die Front im Osten anfangs entblößen, um nach Möglichkeit im Westen schnelle Siege zu erzielen. In dieser Hoffnung folgen ihm seine Schüler.
Er wollte jedoch in einer schnellen, umfassenden Bewegung westlich um Paris herumschwenken, um dann die französische Armee in einem Kessel in Ostfrankreich einzukreisen. Dazu ist ein extrem starker, gut ausgerüsteter rechter Flügel unabdingbare Voraussetzung. Seine Schüler aber schwächen nicht nur ausgerechnet den rechten Flügel, sondern stoßen auf den Ostrand von Paris. Damit ist der ursprüngliche Plan um seinen Sinn gebracht: Britische Truppen sind nach wie vor in

der Lage, die Kanalhäfen zu nutzen und eine Verbindung zu den Franzosen herzustellen, den Franzosen selbst bleibt ihr größtes Bollwerk: Paris. Auch ist zu bedenken, daß sich die Länge der deutschen Front während des Angriffs verdoppelt hat, während die Franzosen in einen gedrängten Raum Nachschub einfüllen können.

Der schnelle Vormarsch im Westen

Der Einfall nach Luxemburg

2. August: Deutschland besetzt Luxemburg, um sich des luxemburgischen Eisenbahnnetzes zu versichern. Gleichzeitig wird Belgien aufgefordert, den Durchmarsch deutscher Truppen zu gestatten, was Belgien ablehnt.

Das Unrecht

3. August: Deutsche Truppen fallen in das neutrale Belgien ein. Aufgrund des unrechtmäßigen Einfalls kommt es zu Ausschreitungen der Belgier, die mit drakonischen Strafen geahndet werden.

Der planmäßige Vorstoß

9. August: Ein französischer Vorstoß im Elsaß scheitert bei Mülhausen.
17. August: Nach dem Fall von Lüttich wird der Aufmarsch der 7 deutschen Armeen im Westen planmäßig beendet.
20. August: Deutsche Truppen besetzen Brüssel, der rechte deutsche Flügel stößt rasch nach Süden vor.
20. bis 22. August: Eine französische Offensive gegen Lothringen wird abgewehrt.
25. August: Belgien wird deutsches Generalgouvernement, sein erster Gouverneur wird Generalfeldmarschall v. d. Goltz. Gleichzeitig brennen deutsche Truppen Löwen ab.
22. bis 28. August: In Schlachten entlang der belgisch-französischen Grenze wird eine französische Gegenoffensive abgewehrt.

Die Marne wird überschritten

Belgische Zivilisten führen einen Heckenschützenkrieg gegen deutsche Eindringlinge. Hier untersuchen deutsche Gendarmen belgische Bauern nach Waffen.

30. August bis 5. September: Die deutschen Truppen dringen bis zur Marne vor und bedrohen Paris. Es gelingt jedoch nicht, die französischen Armeen zu überflügeln.
Die deutschen Truppen, die an der Marne kämpfen, sind bereits so durch den Vormarsch und die Kämpfe dezimiert, daß viele Bataillone von 1000 auf 250 Mann, viele Kompanien von 250 auf 60 Mann zusammengeschrumpft sind.
Während der Marne-Offensive wird die Kathedrale von Reims von deutscher Artillerie beschossen und teilweise zerstört.

Französische Gegenmaßnahmen

3. September: Die französische Regierung weicht nach Bordeaux aus. Der französische Oberbefehlshaber Joffre bildet schnell eine 6. Armee, die er in der Westflanke des auf Paris angesetzten deutschen Angriffskeils aufstellt. Die Legende will es, daß die neue französische Armee von den Pariser Taxen an die Front gefahren wird.

Sturmangriff an der Marne.

Die Marne-Schlacht – der Wendepunkt

Der kritische Moment

5. bis 12. September: Zwischen Verdun und Paris treten die französischen Armeen zum Gegenangriff an und bringen in der Schlacht an der Marne die deutsche Offensive zum Stehen. Kritisch wird die Lage auf dem weit nach Paris vorstehenden rechten Flügel, so daß der deutsche Generalstabschef Helmuth v. Moltke, ein Neffe des berühmten Generalstabschefs der Bismarck-Zeit, den Rückzug befiehlt, den der Kaiser ablehnt:
»Angreifen, solange es geht, unter keinen Umständen einen Schritt zurück!«
Während der Marne-Schlacht ist die Westfront 750 km lang. Es befinden sich auf beiden Seiten alle verfügbaren Kräfte im Einsatz. Es werden immer etwa 10% umschichtig eingesetzt, um den Kampf lange durchhalten zu können.

Den Krieg verloren

Nach der Marne-Schlacht sagt der Generalstabschef zum Kaiser:
»Majestät, wir haben den Krieg verloren.«
14. September: v. Moltke wird durch den Kriegsminister Erich v. Falkenhayn abgelöst.

Die Erstarrung

Nach dem Verlust der Marne-Schlacht kann der Schlieffen-Plan zu den Akten gelegt werden. Da es dem rechten deutschen Flügel nicht gelungen ist, die französischen Armeen zu überflügeln, Paris zu umgehen und die Kanalhäfen (zur Verhinderung des britischen Nachschubs) zu besetzen, da es umgekehrt den Franzosen nicht gelingt, die deutsche Front zu durchbrechen, erstarrt im Westen der Krieg zum Stellungskrieg.

Deutsche Ulanen-Patrouille während des Vorstoßes auf Paris.

Der Stellungskrieg

Schnurgerade Gräben

Es handelt sich bei den Stellungen anfangs um einfache, schnurgerade Gräben. Die Gegner liegen sich zwischen 70 und 400 m gegenüber, dazwischen ist das Niemandsland, in dem die Toten verwesen bzw. von Ratten aufgefressen werden. Bei Regen laufen diese Gräben knietief voll, man versucht, sich mit Bohlenstegen zu helfen.

Der Stellungskrieg hat begonnen. Noch sind die Gräben recht primitiv.

Ein Mythos im Nebel

24. Oktober: Eine sinnlose Opferung von Kriegsfreiwilligen findet auch bei Ypern in Flandern statt. Der Ort Langemarck wird 5mal hintereinander in dichter Formation angegriffen, die Freiwilligen werden von den Briten auf 50 Schritt Entfernung niedergemäht. Der *Mythos von Langemarck* will, daß die Soldaten hinter der Regimentsfahne, das Deutschland-Lied auf den Lippen, gestürmt sind. In Wirklichkeit ist dichter Nebel, durch den die Freiwilligen robben und springen.

Nationale Disziplin

Der englische Heeresbericht kommentiert: »Diese Knaben von 17 Jahren stellten sich unseren Kanonen entgegen, marschierten unbeirrt gegen die Läufe unserer Gewehre und fanden furchtlos scharenweise den Tod. Das ist die Frucht eines Jahrhunderts nationaler Disziplin.«

Die Kolonialvölker

Im Herbst verfügen die Franzosen über 2,5 algerische Divisionen. Mehr und mehr werden Kolonialtruppen eingesetzt, deren Kampfkraft allerdings oft unter dem europäischen Klima leidet.

Der elektrische Zaun

Gegen die Niederlande wird Belgien durch einen elektrischen Zaun gesichert, der mit Alarmanlagen versehen ist. Wer ihn wirklich überwinden will, schafft es allerdings auch.

Zurück nach Paris

8. Dezember: Die französische Regierung kehrt von Bordeaux nach Paris zurück.

Der Krieg im Osten

Nur 25% Deutsche

Die österreichisch-ungarische Armee besteht nur zu 25% aus Deutschösterreichern und zu 17% aus Ungarn. Die große Mehrheit gehört anderen Nationalitäten an, allein die Tschechen stellen genauso viele Soldaten wie die Ungarn.

Ein Machtkampf

Seit 1908 wird in Böhmen und Mähren zwischen Tschechen und Deutschen ein Machtkampf ausgetragen, von dem sich die Tschechen eine größere politische und kulturelle Autonomie versprechen. Außerdem erstreben sie die Vereinigung mit den Slowaken, die unter ungarischer Herrschaft stehen.

Serbiens Chance

Serbien hat nur 2 Mill. Einwohner, aber eine gut ausgebildete Armee mit 250000 Mann. In Österreich-Ungarn leben 1,2 Mill. Slowenen und 4,8 Mill. Kroaten und Serben, auf die der großserbische (südslawische) Nationalismus zielt.

Sprachprobleme

Über die k.u.k. Armee schreibt Erich Ludendorff:

»Bei einem Gang durch die Waldberge trat ich an einen Posten heran. Er erstattete mir in einer fremden Sprache eine Meldung. Auch der mich begleitende k.u.k. Offizier verstand die Sprache nicht. So bekam ich einen Begriff von den Schwierigkeiten, mit denen diese Armee zu rechnen hat.«

Russische Übermacht

Bei Kriegsbeginn sind die im Osten stehenden Heere der *Mittelmächte* nur etwa halb so stark wie die Rußlands.

2 Schauplätze

Der Krieg im Osten verteilt sich auf 2 Schauplätze. In Ostpreußen steht eine deutsche Armee 2 russischen, in Galizien stehen 4 österreichische Armeen 5 russischen gegenüber.

Schlachten in Galizien

26. August bis 12. September: Nach den Schlachten bei Lemberg räumen die Österreicher Ostgalizien.
28. September: Deutsche und österreichische Truppen treten zum Vormarsch durch Galizien an.
Oktober bis Dezember: Die Kämpfe in Polen und Galizien erstarren fürs erste zu einem Stellungskrieg.

Panzerzüge

Die Österreicher verfügen als einzige zu Beginn des Krieges über Panzerzüge. Die an 1. und 4. Stelle laufenden Geschützwagen sind mit Stahl ummantelt.

Hindenburg und Tannenberg

Die Besetzung Ostpreußens

Während der russischen Besetzung Ostpreußens flieht etwa die Hälfte der Bevölkerung. Über 10000 Menschen werden nach Rußland verschleppt, viele mißhandelt, 24000 Häuser zerstört, 870000 Stück Vieh krepieren. Der Kaiser sagt dazu:
»Unser schönes Masurenland ist eine Wüste, Unersetzliches ist verloren.«

Hindenburg und Ludendorff

19. bis 22. August: Nachdem die Russen weite Teile Ostpreußens besetzt haben, übernehmen der pensionierte General Paul v. Hindenburg und sein Stabschef Erich Ludendorff die Führung.

Die Schlacht

26. bis 30. August: In einer klassischen Umfassungsschlacht gelingt Hindenburg bei Tannenberg die Vernichtung einer russischen Armee (fast 100000 Gefangene).
Die Schlacht hat keineswegs das Örtchen Tannenberg zum Mittelpunkt. Durch die Wahl dieses Örtchens für den Namen der Schlacht soll gesagt werden, daß nun die Niederlage der Deutsch-Ordensritter gegen eine polnisch-litauische Armee im Jahre 1410 gesühnt ist.

Genug Menschen

Im übrigen ist durch solche grandiosen Siege über das riesige und volkreiche Rußland

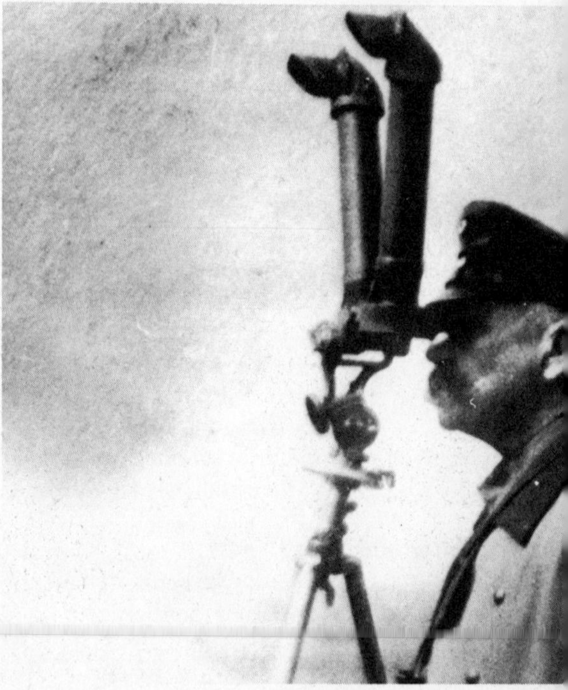

Hindenburg (hinter dem Scherenfernrohr) und Ludendorff (zweiter von rechts) in der Schlacht bei Tannenberg.

nichts auszurichten. Ein deutscher Offizier sagt dazu nur:
»Auf ein paar Niederlagen kommt es den Russen nicht an.«
Als ein britischer Offizier den russischen Kriegsminister auf die schrecklichen Verluste hinweist, erhält er die Antwort:
»Machen Sie sich keine Sorgen. Menschen sind das einzige, was wir im Überfluß haben.«

Die 2. Schlacht

6. bis 15. September: Die andere russische Armee in Ostpreußen kann sich in der Schlacht an den Masurischen Seen nur durch den Rückzug vor ihrer Vernichtung retten.

Interessante Neuigkeiten vom Kriegsschauplatz

Die Berichterstattung

Bei Kriegsbeginn läßt das Große Hauptquartier 8 Kriegsberichterstatter zu, die Briten einen einzigen.
6. Oktober: Auf Anfrage gibt der Generalstab bekannt, daß er an der Westfront 9, an der Ostfront 4 offizielle *Kriegsmaler* beschäftigt.

Marschleistungen

Tagesmärsche deutscher Truppen:
In Friedenszeiten etwa 25 km, an der Ostfront an 4 aufeinanderfolgenden Tagen 150 km, an der Westfront bis zu 67 km pro Tag.
Das Marschgepäck besteht aus 1 Tornister (25 kg), Lederzeug mit Patronentaschen (16 kg), Gewehr (gut 4 kg).

Orden

24. September: Bisher wurden 38000 Eiserne Kreuze 1. und 2. Klasse verliehen.

Die Zukunft der Forts

18. Oktober: Nachdem viele französische Forts gefallen sind, beschäftigt sich der Kriegsberichterstatter Walter Oertel in der *Frankfurter Zeitung* mit deren Zukunft: »Zunächst wird wohl der Bau von Forts vermutlich ganz aufhören. Sie sind zu große Zielobjekte und der modernen schweren Artillerie nicht mehr gewachsen.«

Der Krieg in der Etappe

Transportprobleme

An die Westfront werden befördert: 25 aktive Armeekorps, 11 aktive Kavallerie-Divisionen, 14,5 Reservekorps, 1 Landwehrkorps, 6,5 Ersatzdivisionen und 5,5 Landwehrbrigaden, insgesamt 2,1 Mill. Mann.

Autos sind Mangelware

Bis zum Kriegsbeginn gibt es nur ein *Kaiserliches Freiwilliges Automobilkorps,* das die Pkws zur Verfügung stellt, nur für Lkws gibt es bereits eine eigene Truppe. So wird nun in Aachen schnell, um den Nachschub sicherzustellen, der *Autopark der Obersten Heeresleitung* gebildet, der sich aus 350 Autos mit freiwilligen Fahrern zusammensetzt. Er leistet in den ersten Kriegsmonaten Ungewöhnliches.

Die Feldküche

Bei dem Sturm auf Lüttich werden zum ersten Mal Feldküchen eingesetzt. Feldküchen, eine

Von der Kopfhülle bis zum Fußlappen.

Erfindung des russisch-japanischen Krieges von 1904/05, gibt es im deutschen Heer seit 1908 und sind den Soldaten noch ganz ungewohnt.

Liebesgaben

Da Deutschland auf den Krieg nicht vorbereitet ist, fehlt es anfangs an allem, an der Lebensmittelversorgung, an Autos, an guter Be-

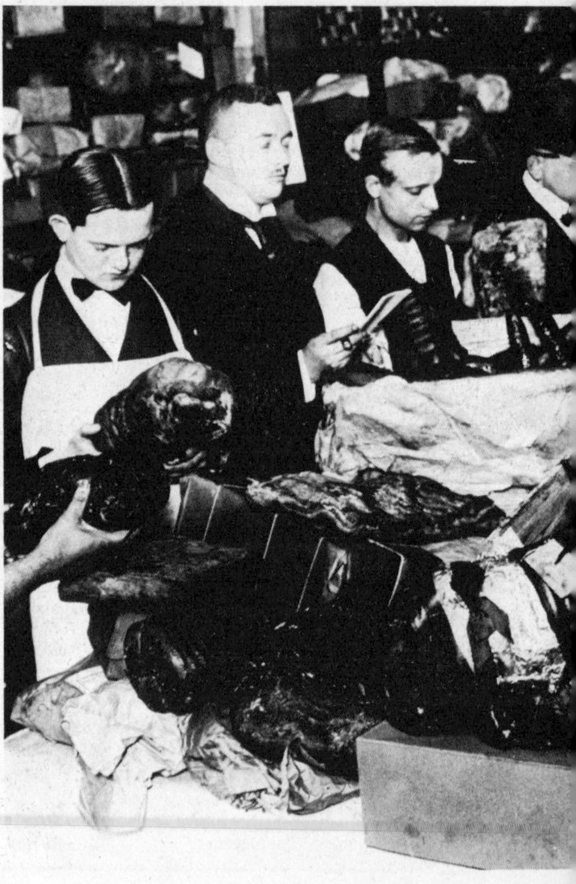

Anfang Oktober: In den Redaktionsräumen der Berliner ›Allgemeinen Fleischerzeitung‹ werden Liebesgaben für die Front verpackt: Speck, Würste und Schinken, gespendet von den deutschen Metzgern aufgrund eines Aufrufes zur zusätzlichen Versorgung der Soldaten.

kleidung usw. So erfindet man nun in der Not das System der *Liebesgaben*, die in unvorstellbaren Mengen an die Front geschickt werden, oft von privaten Autokolonnen. Bauchbinden werden als Unterlagen gegen Kälte und Nässe verwendet, Kniewärmer als Gamaschen, Pulswärmer als Zehenschutz, mit Schlipsen werden die Ritzen ausgestopft.

Die Cholera Oktober: Von der Ostfront wird die Cholera nach Österreich eingeschleppt.

Tabak 18. November: Die bayerische Heeresleitung ordnet an, daß jeder Soldat täglich 1 Zigarre und 2 Zigaretten erhalten soll.

Die Feldpost Im November, nach Zulassung von Feldpostbriefpäckchen bis 500 g, werden in der Berliner Feldpostsammelstelle täglich 1,3 Mill. Feldpostbriefsendungen bearbeitet. Im Reichsgebiet gibt es insgesamt 21 Feldpostsammelstellen.

Sanitäter Das Sanitätswesen des Feldheeres untersteht dem *Chef des Feldsanitätswesens* beim Generalquartiermeister. Bei Kriegsbeginn gibt es erst 18 Lazarettzüge.

Kanonendonner Kanonendonner wird etwa 150 km weit gehört, im Oktober hört man z. B. die Geschütze vor Verdun in Bernkastel an der Mosel.

Zum ersten Mal: Krieg in der Luft

Günstige Wirkung 31. Juli: *Die Münchner Neuesten Nachrichten* schreiben:
»Die Deutschen vertrauen auf den anfeuernden Einfluß ihrer Luftschiffe ebenso wie auf deren zerstörende Kraft. ...der, der die begeisterte Erregung einer Truppe beim Erscheinen von Luftschiffen und Flugzeugen gesehen hat, wird die günstige Wirkung dieser neuen Gefechtsmittel auf die Nerven nicht unterschätzen.«

Die Leistung eines Luftschiffes

1914 erreichen Zeppeline eine Flughöhe von 2000 m, ist es sehr heiß, höchstens 1600 m. Infanteriegeschosse kommen auf 2000 m Höhe. Da die Zeppeline im übrigen nur etwa 60 km/h schnell sind, wird es zum Sport für die feindliche Infanterie, Zeppeline mit Gewehren abzuschießen, es müssen sich dazu nur größere Einheiten zusammentun. Stürzt ein Zeppelin brennend ab, kommen 25 hochqualifizierte Techniker ums Leben.

Aufklärer

Zum ersten Mal werden in einem Krieg Flugzeuge eingesetzt, anfangs zur Aufklärung. Im Dezember wird zum ersten Mal ein deutsches Flugzeug mit einer Funkanlage ausgerüstet.

Noch eine Utopie

16. September: Der Kriegsberichterstatter Walter Oertel schreibt über die Verwendung von Flugzeugen in der *Frankfurter Zeitung*, nachdem er zuvor den Nutzen für die Aufklärung dargestellt hat:

»Der Luftkrieg an sich kann nach den bisherigen Erfahrungen als eine Utopie bezeichnet werden. Die Aufgabe des Fliegers ist zu sehen, aber nicht zu kämpfen... Als sehr unangenehm wird Infanteriefeuer und vor allem Maschinengewehrfeuer geschildert. Sobald der Flieger die wohlbekannte Musik der vorbeipfeifenden blauen Bohnen hört, tut er am klügsten, sofort höher zu gehen. Andererseits hat die Praxis erwiesen, daß Schüsse in die Tragfläche der Flugzeuge keine ernstlichen Folgen haben und die Sache nur dann kritisch wird, wenn wesentliche Teile des Motors oder der Benzinkasten getroffen werden.«

Die Kriegsmarine – »schimmernde Wehr«

Deutsche Unterlegenheit

Bei Kriegsbeginn besitzt Deutschland, trotz des gewaltigen Flottenprogramms, nur etwa halb so viele Linienschiffe wie Großbritannien. Auf den anderen Sektoren der Flottenrüstung sieht es nicht besser, oft schlechter aus. Ausnahme: Auf dem U-Boot-Sektor ist Deutschland führend.

U 9 unter Otto Weddigen, der zu Beginn des Krieges in einer Aktion drei britische Panzerkreuzer versenkte.

22. September: *U9* unter Kapitänleutnant Otto Weddigen vernichtet in einer Operation 3 britische Kreuzer.
20. Oktober: Ein deutsches U-Boot versenkt zum ersten Mal ein feindliches Handelsschiff nach dem Reglement der internationalen Prisenordnung.
20. Oktober: Inserat in den *Münchner Neuesten Nachrichten:*

»*U 9* u. alle Unterseeboote verwenden mein *Kristallglanz* gegen das Anlaufen der Sehrohrgläser. Unentbehrlich für Brillen, Ferngläser usw...«

Eine Seeschlacht

1. November: In der Seeschlacht vor Coronel/Chile vernichtet das deutsche Ostasien-Geschwader unter Maximilian Graf Spee ein britisches Geschwader.

Der deutsche Kreuzer Emden, der nach einem beispiellosen Kaperkrieg bei den Cocos-Inseln versenkt wird.

Die Blockade beginnt

2. November: Großbritannien erklärt die Nordsee zum Kriegsgebiet. Die Nordsee wird vermint, so daß Hochseeflotten nur noch mit Mühe größere Operationen durchführen können.

Der Kreuzer Emden

9. November: Vor den Cocos-Inseln im Indischen Ozean vernichtet der australische Kreuzer *Sydney* den deutschen Kaperkreuzer *Emden*, nachdem die *Emden* 23 Schiffe auf-

gebracht, den Hafen von Madras/Indien beschossen und im Hafen von Penang/Malaya Kriegsschiffe versenkt hat. Die *Emden* unter ihrem Kapitän v. Müller wird bei Freund und Feind zur Legende.

Sinnlose Romantik

13. November: Die *Frankfurter Zeitung* berichtet zum Untergang des Kaperkreuzers *Emden*:

»... wenn je ein Untergang ruhmvoller war als ein Sieg, so ist es das Ende dieses deutschen Schiffes... Manchen mag heute Trauer beschleichen,... weil aus der stolzen Reihe unserer Schiffe eines verschwindet, das dem deutschen Volk die Hoffnungen der Zukunft am deutlichsten verkörperte... Was der kleine Kreuzer ihnen angetan, das ist nur ein Vorspiel für Größeres. Alle haben das gefühlt, wir selber, die in den kühnen Streifzügen eine Verheißung erblickten, und die erschrockenen Herren der See, die zum ersten Mal erkannten, welch furchtbarer Feind... auf den Augenblick wartet, den er selber wählen will.«

Mit wehender Fahne

8. Dezember: In der Schlacht bei den Falkland-Inseln im Südatlantik vernichtet ein britisches Geschwader das deutsche Ostasien-Geschwader.

Der türkische Verbündete

Enver Pascha

Der Jungtürke Enver Pascha wird Kriegsminister, er führt die Türkei an die Seite der *Mittelmächte*. Gleich zu Beginn des Krieges verlegt er arabische Einheiten in andere

Landesteile, um dem arabischen Nationalismus vorzubeugen, und wendet sich gegen die Zionisten.

Der Durchbruch

Im Mittelmeer brechen die deutschen Kreuzer *Goeben* und *Breslau* nach Konstantinopel durch und werden am 11. August von der Türkei erworben, stehen jedoch weiterhin unter deutschem Kommando, was die *Entente* als unfreundlichen Akt empfindet.

Die kritische Stelle

28. September: Die Türkei schließt die Dardanellen für jeden Schiffsverkehr.

Zypern

Nachdem die Türkei Anfang November in den Krieg eingetreten ist, besetzt Großbritannien die Insel Zypern.

Das Schicksal der deutschen Kolonien

Zuschuß-objekte

Das Deutsche Reich besitzt zu Kriegsbeginn 4 Kolonien in Afrika (Togo, Kamerun, Deutsch-Südwest- und Deutsch-Ostafrika), sodann in der Südsee die Palau-Insel und die Inselgruppen Karolinen, Marianen und Marshall sowie einen Teil der Samoa-Inseln und den Nordosten von Neuguinea mit dem Bismarck-Archipel, schließlich in China Kiautschou mit dem Hafen Tsingtau (nach dem Vorbild von Hongkong).
Insgesamt 2,7 Mill. km^2 mit 13 Mill. Einwohnern, von denen keine 30 000 Deutsche sind. Die Kolonien sind Jahrzehnte nach ihrem Erwerb immer noch Zuschußobjekte und kosten das Reich jährlich annähernd 100 Mill. Mark.

In der Südsee Australische Truppen besetzen Deutsch-Neuguinea, neuseeländische die Samoa-Inseln, alle anderen Inseln die Japaner.

Kamerun 27. September: In Kamerun eingedrungene britische und französische Truppen nehmen die Hauptstadt Duala.

Lettow-Vorbeck 2. bis 5. November: In der Schlacht bei Tanga schlägt die deutsche Ostafrika-Truppe unter General v. Lettow-Vorbeck ein britisch-indisches Expeditionskorps.

Tsingtau 7. November: Nach 6wöchiger Beschießung durch die Japaner kapituliert Tsingtau.

Der Krieg in der Heimat – Gefühl und Wirklichkeit

Das sollten Sie unbedingt wissen

Auf der einen Seite eine öffentliche Begeisterung der Massen – keineswegs nur in Deutschland –, wie sie bisher unbekannt gewesen ist; auf der anderen Seite Ausbrüche von Haß und Angst ebenso großen Ausmaßes, die sich in einem Wust von Gerüchten, in einer fanatischen Jagd auf »Feinde« und Spione Luft machen. Eine Szenerie, die so wirkt, als hätten alle nur darauf gewartet, an einem außergewöhnlichen Ereignis ihre Gefühle festmachen zu dürfen. Übrigens: Direkte Not herrscht noch nicht, es gibt zwar Hamsterkäufe und Preissteigerungen, aber noch keinen echten Mangel.

In dieser Phase muß sich eine große, aber immer noch unterdrückte Minderheit: die Sozialdemokratie, für oder gegen diesen Staat und seinen Krieg entscheiden. Sie kann sich der überwältigenden Stimmung nicht entziehen.

3. August: Die französischen Sozialisten gehen mit der Regierungsmehrheit die *Union sacrée* (heilige Gemeinschaft) ein.

4. August: Die SPD unterstützt einstimmig

die Kriegskredite, der Kaiser verkündet daraufhin den *Burgfrieden.*
In Großbritannien unterstützt nur der linke, pazifistische Flügel der Labour-Partei nicht die Kriegserklärung der Regierung.
Damit ist der sozialistische Internationalismus tot.
2. Dezember: Die SPD unterstützt zum zweitenmal die Kriegskredite – einzige Gegenstimme: Karl Liebknecht.
Wichtig ist in diesem Augenblick auch die Haltung zweier, weiterer unterdrückter Gruppen: der Frauen und der Juden, sowie die Stellungnahme der staatlich etablierten Kirchen.

Kriegsbegeisterung und Patriotismus

Die erste Begeisterung

25. Juli: Als in Wien bekannt wird, daß die Beziehungen zu Serbien abgebrochen sind, erhebt sich ein ungeheurer Jubel auf den Straßen, die Menge singt die Nationalhymne *Gott erhalte Franz den Kaiser* und *Prinz Eugen.*
Über die Reaktion in Berlin schreibt das *Berliner Tageblatt*:
»In der 10. Stunde sah man plötzlich einen geschlossenen Zug von vielen Tausenden, der vom Brandenburger Tor die Linden entlang nach dem Schlosse zustrebte. Aus der Menge, die durchweg aus gutbürgerlichem Publikum bestand, ertönten plötzlich patriotische Lieder. Zuerst stiegen die Klänge der *Wacht am Rhein* und des Liedes der Deutschen *Deutschland, Deutschland über alles* zum Himmel, und schließlich stimmte man die österreichische Nationalhymne… an…«

Rechte Seite: Kaiser Wilhelm II. verkündet vom Balkon des Berliner Schlosses: »Ich kenne jetzt keine Parteien mehr, sondern nur noch Deutsche!«

Die Wacht am Rhein

31. Juli: Kaiser Wilhelm II. vom Balkon des Berliner Schlosses:
»Neider überall zwingen uns zu gerechter Verteidigung. Man drückt uns das Schwert in die Hand... Jetzt geht in die Kirche, kniet nieder vor Gott und bittet ihn um Hilfe für unser braves Heer!«
Daraufhin singt die Menge *Heil dir im Siegerkranz* und – das wohl meistgesungene Lied dieser Tage – *Die Wacht am Rhein.* Zu den gern gesungenen Liedern dieser Tage gehören auch *Ein feste Burg ist unser Gott* und *Lobe den Herren.* Aus dem *Deutschland-Lied* wird auch gern die Strophe *Deutsche Frauen, deutsche Treue* gesungen.

Tiefer Ernst

2. August: Die *Vossische Zeitung* schreibt:
»Dem wachsamen Beobachter kann eine leise Veränderung nicht entgehen, die Gestern und Heute... unterscheidet. Über Nacht hat die Stimmung der Massen keinen Umschwung erfahren, aber sie hat sich zu einem anderen Ausdruck vertieft... Ein tiefer Ernst war über die Menge gebreitet.«

Nicht betroffen

4. August: Im *Hannoverschen Courier* wird berichtet:
»Als die Extrablätter die Mitteilung brachten, daß der englische Botschafter seine Pässe verlangt habe, ging durch ganz Berlin eine mächtige Bewegung... Man nahm die schwerwiegende Mitteilung in ernster Ruhe entgegen; aber jeder schien das Bedürfnis zu haben, keinerlei Betroffenheit aufkommen zu lassen.«

Held werden

Stefan Zweig schreibt in seinem Buch *Die Welt von gestern:*

»Wie nie fühlten die Tausende und Hunderttausende Menschen, was sie besser im Frieden hätten fühlen sollen: Daß sie zusammengehörten. Eine Stadt von 2 Mill., ein Land von fast 50 Mill. empfanden in dieser Stunde, daß sie Weltgeschichte, daß sie einen nie wiederkehrenden Augenblick erlebten und daß jeder aufgerufen war, sein winziges Ich in diese glühende Masse zu schleudern, um sich dort von aller Eigensucht zu läutern. Alle Unterschiede der Stände, der Sprachen, der Klassen, der Religionen waren überflutet für diesen einen Augenblick von dem strömenden Gefühl der Brüderlichkeit... Jeder einzelne erlebte eine Steigerung seines Ich, er war nicht mehr der isolierte Mensch von früher, er war eingetan in eine Masse, er war Volk, und seine Person, seine sonst unbeachtete Person hatte einen Sinn bekommen...: Er konnte Held werden, und jeden, der eine Uniform trug, feierten schon die Frauen, grüßten ehrfürchtig die Zurückbleibenden im voraus mit diesem romantischen Namen.«

Was ist passiert?

In dem Kriegsbuch *4 von der Infanterie* von Ernst Johannsen fragt ein Student an der Westfront:
»Wo war der Vor-August-Mensch geblieben? Dieser Mensch, der zahm geboren, den Rest an Wildheit von Schule, Erziehung, Beruf, Polizei, öffentlicher Meinung und Furcht vor Gespenstern genommen bekam?«

Kühle Köpfe

Morden und ermordet werden

1. August: Franz Pfemfert in *Die Aktion* (vor dem 1. August geschrieben):
»Das also ist die Kulturhöhe, die wir erreichen: Hunderttausende, die gesündesten, wertvollsten und wertevollsten Kräfte, zittern, daß ein Ungefähr, ein Wink der Regierer Europas, eine Böswilligkeit oder eine sadistische Laune, ein Cäsarenwahn oder eine Geschäftsspekulation, ein hohles Wort oder ein vager Ehrbegriff, sie morgen aus ihrem Heim jagt, hinweg von Weib und Kind, hinweg von Vater und Mutter, hinweg von allem mühselig Aufgebauten, in den Tod. Der irre Zufall kann heute, kann morgen, kann jede Minute rufen, und alle, alle werden kommen. Der Not gehorchend – aber gehorchend. Anfangs werden sie heulen, da sie ihr bißchen Erdenglück zusammenbrechen sahen, bald jedoch werden sie, wenn auch nicht mit ganz sauberer Unterwäsche, vom allgemeinen Taumel besessen sein und besinnungslos morden und ermordet werden.«

Eine Prophezeiung

Die *Westfälische Rundschau* aus Warendorf wird geschlossen, weil sie Deutschland gleich zu Kriegsbeginn eine furchtbare Niederlage vorausgesagt hat.

Das dicke Ende

Der Dichter Stefan George sagt kurz nach Kriegsausbruch im Kreis seiner Anhänger:
»Ob es gut oder schlecht ausgehe: das Schwierigste kommt erst hintennach!«

Patriotische Auswüchse

Pommern bumbum

Einige Monate vor Kriegsbeginn veröffentlicht die *Pommersche Tagespost* ein neues *Pommern-Lied,* dessen Urheber ein Geheimer Kommerzienrat ist. Das vielstrophige Lied hebt folgendermaßen an:

Pommer bin ich, Pommer bleib' ich allezeit,
Ob im Waffenschmucke, ob im Bürgerkleid,
Ob mir Schlachtendonner rüttelt Mark und Bein,
Treu will ich als Pommer meinem König sein.
Wir lieben unser Heimatland,
Sind immer kampfbereit bumbum,
Wo's gilt, für Kaiserkron' und Reich,
Drohn Feinde auch ringsum bumbum.

Die Gefühle eines Paters

Der katholische Ordensgeistliche Ansgar Pöllmann veröffentlicht am 15. August ein Gedicht auf den Fall von Lüttich, das nach der Melodie von *Prinz Eugen* zu singen ist:

Jungfer Lüttich

Und da war der Herr von Emmich,
Dieser sprach: »Die Festung nehm ich,
Jungfer mach den Laden auf.
Heißgeliebte Jungfer Lüttich,
Laß mich ein zu dir, ich bitt dich,
Hochzeitsgäste warten drauf.«

Doch die Jungfer Lüttich süße,
Wollte nicht Herrn Emmichs Grüße,
Wollt ein ander Ehgemahl;
Einen andern, einen Franzen,
Wollt nur mit dem Schranzen tanzen,
Der sich durch das Pförtlein stahl.
Aber sprach der Herr von Emmich:
»Deine Hochzeitstüre stemm ich«,

Herr von Emmich mag nicht spaßen,
Tat sie um die Taille fassen;
Fräulein Lüttich schrie vor Lust,
Und sie hat sich ihm ergeben
In dem Jahr, in dem wir leben,
An dem siebenten August.

Die Knatterknarre

Der kriegsfreiwillige Dichter Richard Dehmel schreibt von der Front:
»Wir liegen in uneinnehmbaren Schützengräben, uns gegenüber Indier, Turkos, Zuaven und die wild gewordenen Völker Europas; und wenn wir nicht ab und zu mit der Knatterknarre spielen und die Sphärenmusik der Schrapnells und Granaten belauschen, plagt uns die unterirdische Langeweile in unsern urmenschlichen Schanzhöhlen.«

Der schönste Mann im Staate

Ein »vaterländisches Volksstück« heißt zeitgemäß *Immer feste druff.* Daraus der Refrain eins bekannten Schlagers:
Der Soldate, der Soldate
ist der schönste Mann bei uns im Staate.
Drum schwärmen auch die Mädchen sehr
für das liebe, liebe, liebe Militär.

Da oben fliegt 'ne Taube

Eines der beliebtesten Lieder zu Beginn des Krieges gilt einem berühmten deutschen Flugzeug, der *Rumpler-Taube.* Die Revue, in der das Lied ursprünglich steht, heißt, im Hinblick auf die Meldungen von der Front, *Extrablätter.*
Der Refrain lautet:
Ich glaube, ich glaube
da oben fliegt 'ne Taube.
Die kommt aus einem deutschen Nest,
wenn die hier bloß nichts fallen läßt.

Szenenfoto aus der patriotischen Posse ›Krümel vor Paris‹ im Berliner Residenztheater. Links ein österreichischer, rechts ein deutscher Soldat im Paradeschritt.

Auf dem Bauch

In einer der Strophen findet sich die aktuelle Anspielung:

Auf der Place de la Concorde
lieg'n sie alle auf dem Bauch,
und es brüllt die ganze Horde:
Was, die Deutschen fliegen auch?
Und der Präsident sagt: »Wißt ihr,
hier fühl ich mich nicht mehr froh!«
Und dann loofen die Minister
von Paris bis nach Bordeaux.

Auch berühmte Künstler

Nach Kriegsbeginn macht Liebermann für die Zeitschrift *Kriegszeit* patriotische Lithographien.

Auch der Komponist Max Reger hat im Oktober bereits »der gewaltigen Stimmung unserer Tage« entsprochen und ein »vaterländisches Tonstück« geschrieben, das patriotische Lieder motivisch verarbeitet.

Eine Überproduktion

Auch die Dramatiker sind fruchtbar. Bereits im Oktober wird das Stück *Da kam der Hindenburg! Vaterländisches Schauspiel in 3 Akten* angeboten, außerdem *Deutsche Helden zur See* oder *Die Getreuen vom U 21*.

Die patriotisch-lyrische Produktion nimmt seit Kriegsbeginn derart zu, daß die Dichter dazu ermahnt werden, lieber Feldpostbriefe zu schreiben. Wilhelm Herzog schreibt aus Anlaß eines solchen lyrischen Ergusses:

»Wir sind jetzt ein einig Volk von Brüdern! Mit einigen Brüdern werden wir immerhin nach dem Kriege noch ein paar Worte zu reden haben.«

Haß-Explosionen

Namensänderungen Die Inhaber von Läden mit französischem Namen, z. B. von Modegeschäften, ändern ihre Bezeichnung oder werden von der Menge dazu gezwungen. Französische Bezeichnungen verschwinden von den Speisekarten. Auch Straßen, die nach Franzosen, Russen oder Engländern heißen, werden umgetauft.
5. November: Seit Kriegsbeginn haben in Berlin etwa 12500 Firmen die ausländischen Namen ihrer Firma und ihrer Waren in deutsche Bezeichnungen abgeändert.

Beethoven kein Deutscher Die Pariser Autoren-Gesellschaft schließt Gerhart Hauptmann, Hermann Sudermann, Ludwig Fulda, Engelbert Humperdinck, Siegfried Wagner und Richard Strauss aus, die Französische Akademie der Wissenschaften Ulrich v. Wilamowitz-Moellendorff, Wilhelm Dörpfeld und Adolf v. Harnack. Die französische Presse versucht sich an dem Nachweis, daß Ludwig van Beethoven ein Belgier war.

Picassos Probleme Picassos Kunsthändler, Daniel Kahnweiler, ein Deutscher, bleibt bei Kriegsausbruch vorerst in Italien, geht dann in die Schweiz, während sein Geschäft samt der Bilder von Braque und Picasso beschlagnahmt wird. Picasso hat darunter zu leiden, daß er von Deutschen gefördert worden ist, sein Kubismus wird mit den *boches* assoziiert.

Im Kino Die Berliner Kinos wollen keine französischen Filme mehr spielen. Der Krieg gegen Frankreich verursacht, daß die bisher in Frankreich hergestellten Wochenschauen nicht mehr gezeigt werden können. An deren Stelle tritt eine deutsche Wochenschau, die *Eiko-Woche.*

Ein Spion?

Einige Tage vor Kriegsbeginn telegrafiert der deutsche Diplomat und Schriftsteller Graf Kessler an den französischen Bildhauer Aristide Maillol:
»Maillol, vergraben Sie Ihre Statuen, es gibt Krieg!«
Dadurch gerät Maillol in große Schwierigkeiten, denn er muß nun nachweisen, daß er kein deutscher Spion ist.

Wer streitet gerne

Ein französischer Forscher weist nach, daß der Ausdruck *Querelle d'Allemands,* mit der Franzosen die Streitsucht der Deutschen bezeichnen, sich ursprünglich nicht auf die Deutschen bezog, sondern auf eine zänkische Familie Alleman aus der Dauphiné.

Löwen und Reims

Der Ruf Deutschlands in der Kulturwelt erleidet schweren Schaden durch den Brand von Löwen und die Beschießung Reims'.

Der Fall Hodler

Die Kathedrale von Reims nach der Beschießung durch deutsche Artillerie. Die Franzosen haben auf einem Turm Beobachtungsposten eingerichtet.

Oktober: Die Berliner und die Münchener Sezession schließen den Schweizer Maler Ferdinand Hodler aus ihren Reihen aus, weil er einen Protest gegen die Beschießung der Kathedrale von Reims unterschrieben hat, das Wallraf-Richartz-Museum hängt seine Bilder ab. Der 80jährige weltberühmte Naturwissenschaftler Prof. Ernst Haeckel beschimpft Hodler und will dessen Monumentalbild in der Universität Jena *Aufbruch der Jenaer Studenten 1813* verkaufen. Der *Vorwärts* sagt dazu:

Der Hüter des Völkerrechts

Karikatur von O. Gulbransson aus dem ›Simplicissimus‹. Der englische Außenminister Sir Eduard Grey.

»Es ist Bilderstürmerei, was Haeckel betreibt.«
Um dem Streit ein Ende zu machen, wird das Werk Hodlers in Jena der Öffentlichkeit entzogen, verkauft wird es nicht.
Reproduktionen patriotischer Bilder des Schweizer Malers Ferdinand Hodler werden in Deutschland verkauft, nachdem sie ohne Wissen des Künstlers mit neuen, aktuellen Titeln versehen worden sind.
Auch der Schweizer Schriftsteller Karl Spitteler macht sich durch Äußerungen über Deutschland unbeliebt.

Kein Englisch mehr

In einem höheren Töchterpensionat in Berlin weigern sich die Schülerinnen, weiterhin an dem Englisch- und Französischunterricht teilzunehmen.
Eine Frau nimmt sich in Hamburg das Leben, weil ihr Bräutigam gebürtiger Franzose ist.

Fahre hin!

Zu dem Kriegseintritt Großbritanniens auf der Seite der Gegner äußert sich der bekannte Historiker Karl Lamprecht:
»Wir haben nur einen abtrünnigen Bruder. Fahre hin! Immerhin muß man bedenken, daß in England nicht mehr der rein germanische, sondern der keltische Geist herrscht.«

Folgen für Engländer

Der Erste Seelord, Prinz Louis von Battenberg, muß zurücktreten, weil er deutsche Vorfahren hat.
Der Schöpfer der modernen britischen Armee, Lord Haldane, wird nicht verwendet, weil er Deutschland als seine geistige Heimat bezeichnet hat.

Aber Shakespeare doch!

September: Soll Shakespeare von der deutschen Bühne verbannt sein? Auf diese Frage antworten u. a.:
Reichskanzler v. Bethmann-Hollweg:
»Shakespeare gehört der ganzen Welt.«
Prof. v. Wilamowitz-Moellendorf:
»Wir sollen ihn spielen, um zu zeigen, daß wir für den Chauvinismus zu vornehm sind.«
Der Theologe Prof. v. Harnack:
»Wir werden uns doch nicht von den hohen Ahnen unserer deutschen Kultur lossagen.«
Der Germanist Prof. Roethe:
»Der große germanische Dichter, aus dem Heldensinn und Wahrhaftigkeit zu uns eine überwältigende, künstlerische Sprache redet, hat nichts gemein mit dem heuchlerischen Geschäftssinn, der heute England gegen uns bewaffnet.«

Von Herzfeld zu Heartfield

Aus Zorn über den Haßgesang:
Wir lieben vereint,
wir hassen vereint,
wir haben alle nur einen Feind:
England!
und über patriotische Grüße wie »Gott strafe England!«, worauf man zu erwidern hat: »Er strafe es«, legt sich Helmut Herzfeld das Pseudonym John Heartfield zu. Seinen Antrag auf Legalisierung des Pseudonyms lehnen die kaiserlichen Behörden ab.

Glühender Haß

5. Dezember: Der Dramatiker Hermann Bahr in der *Täglichen Rundschau:*
»Da wir keinen fürchten, hassen wir auch keinen. Nicht einmal die Engländer...«
Darauf antwortet der Vizeadmiral Hermann Kirchhoff:

»Wo sollten wir hinkommen, wenn wir Deutschen nicht vom Ersten bis zum Letzten unser ganzes Innere vom glühendsten Haß gegen England erfüllt wüßten!«

Schlechte Witze

2. November: Der bekannte Nationalökonom Prof. Werner Sombart im *Berliner Tageblatt*: »Ich persönlich empfinde das ›Königreich‹ Montenegro als einen schlechten Witz der Weltgeschichte. Belgien betrachte ich als eine Mißgeburt der Politik... Serben und Japaner lösen eher ein Gefühl des Widerwillens und Abscheus aus, und ich komme von dem Gedanken nicht los, daß man ehrliche Waffen beschmutzt, wenn man mit solchen Völkern ficht. Die Serben kennen wir ja nur als Mausefallenhändler... Die Japaner... habe ich schon vor dem Kriege nie eigentlich als Menschen, sondern immer nur als außerordentlich gelehrige Halbaffen angesehen...«

Bücherverbrennung

Dezember: *Der Volkserzieher* empfiehlt, die Werke der folgenden Ausländer ins Feuer zu werfen: Henry Bergson (»der Patent- und Salonphilosoph von Seine-Babel«), Ferdinand Hodler, Maurice Maeterlinck (»der weibische Weisheitsschwätzer der Mystik«), Saint Saens (»der Totentänzer der Überkultur«), Bernhard Shaw (»der geistreichelnde Gegner seiner eigenen Meinung«), Gabriele d'Annunzio (»der übergeschnappte Abruzzen-Sänger a. D.«), Ruggiero Leoncavallo, Emile Verhaeren (»Liebling aller Französlinge und Schlachte-Engländer«) usw.

Ohne Franzosen

Das Städelsche Kunstinstitut in Frankfurt/Main öffnet 4 Wochen nach Kriegsbeginn wieder seine Pforten, nachdem es vorher die Bilder berühmter französischer Maler entfernt hat.

Kunsträuber Kurz nach Kriegsbeginn wird in der Zeitschrift *Kunst und Künstler* vorgeschlagen, die belgischen Museen zu plündern. Dem tritt sofort der Generaldirektor der Berliner Museen, Wilhelm Bode, in aller Schärfe entgegen.
Der Vorschlag kehrt auf französischer Seite wieder. Dort sieht man in der Museumsplünderung nur einen gerechten Ausgleich für die Zerstörungen in Löwen und Reims.
Die Russen plündern bereits kurz nach Kriegsbeginn die Sammlungen von Lemberg.

Ängste und ihre Folgen

Schreckensnachrichten Die Gerüchteküche quillt über.
29. Juli: Die *Dresdner Neuesten Nachrichten* werden innerhalb von 2 Stunden 37mal angerufen,
11mal, weil König Peter von Serbien ermordet sei,
7mal, weil der deutsche Gesandte in Belgrad ermordet sei,
6mal, weil die deutsche Armee im Osten mobil mache,
5mal, weil der russische Botschafter in Berlin schon abgereist sei,
4mal, weil der Zar ermordet sei,
2mal, weil der Kaiser von Österreich gestorben sei,
2mal, weil Rußland die Generalmobilmachung ausgerufen habe.

Der Spion auf dem Dach

In allen Ländern werden, oft harmlose, Ausländer aufgegriffen und als vorgebliche Spione schwer mißhandelt, mitunter auch gelyncht.

Die Angst vor Spionen und Saboteuren wird systematisch geschürt, so daß es immer wieder überall zu den absurdesten Zwischenfällen kommt:

In Metz sollen 2 französische Offiziere die Brunnen mit Cholera-Bazillen vergiftet haben. Russische Offiziere machen angeblich ausgedehnte Spazierreisen zu Spionagezwekken durch Deutschland. 80 französische Offiziere sollen bei Geldern in preußischen Uniformen die Grenze überschritten haben. Bei Lörrach wird angeblich ein französischer Offizier mit 150 Brieftauben verhaftet. In Friedrichshafen wird ein russischer Spion erschossen, der die Luftschiffhalle in die Luft sprengen wollte. In Bremen sollen sich russische Spione auf dem Dach des Bezirkskommandos in die Telephonleitung eingeschaltet haben. Aus Stuttgart wird derselbe Vorfall gemeldet, hier sollen auch Franzosen beteiligt sein, die alle gemeinsam auch die Eisenbahnbrücken sprengen wollten. In Breslau soll sich ein russischer Spion in einem Nonnengewand versteckt haben. Ein russischer Eierhändler will in Treptow die Kaserne in die Luft sprengen. Russische Saboteure sollen das Wasser der Mangfall vergiftet haben usw. usw.

Flieger überall

Außerdem werden feindliche Flieger überall beobachtet. Russen angeblich über Breslau, Franzosen über Nürnberg usw., obwohl die Reichweite der Flugzeuge noch kaum so groß ist.

Macht und Ohnmacht der SPD

Nieder mit dem Kriege!

25. Juli: Aufruf des Parteivorstandes der SPD:
»Gefahr ist im Verzuge! Der Weltkrieg droht! Die herrschenden Klassen, die euch im Frieden knebeln, verachten, ausnutzen, wollen euch als Kanonenfutter mißbrauchen. Überall muß den Gewalthabern in den Ohren klingen: Wir wollen keinen Krieg! Nieder mit dem Kriege! Hoch die internationale Völkerverbrüderung!«
Daraufhin leitet die Staatsanwaltschaft ein Strafverfahren gegen den *Vorwärts* ein, der den Aufruf abdruckt.

Friedensdemonstrationen

28. Juli: Im Zentrum von Berlin finden sozialdemokratische Friedensdemonstrationen statt, die schließlich von berittener Polizei mit Gewalt gesprengt werden.

Deutsche Brüder

Aus der letzten Rede Jaurès':
»Ich erkläre feierlich, daß das französische Volk in dieser Stunde der Kriegshetze und Provokationen völlig und restlos, ohne Hintergedanken und ohne Rückhalt, ehrlich und heiß den Frieden will und ihn zu erhalten wünscht... Wie oft... haben mir speziell, der ich für die Aussöhnung mit Deutschland kämpfte, unsere Chauvinisten entgegengehalten: Ja, wo ist denn die Friedensliebe des deutschen Volkes?... Die Berliner Arbeiter haben gleich den Pariser Arbeitern auf der Straße ihre Stimme gegen den Völkermord erhoben...«

Die Stärke der SPD

Bei Kriegsausbruch hat die SPD 1,1 Mill. Mitglieder, darunter gut 15% Frauen. Die Gewerkschaften zählen etwa 3,1 Mill. Mitglieder, von denen etwa 2,5 Mill. sozialistisch orientiert sind.

Trotz alledem

1. August: Der Parteivorstand der SPD zum Kriegsausbruch:
»Die fürchterliche Selbstzerfleischung der europäischen Völker ist die grausame Bestätigung dessen, was wir seit länger als einem Menschenalter den herrschenden Klassen mahnend, wenn auch vergeblich, zugerufen haben... Die strengen Vorschriften des Kriegsrechts treffen mit furchtbarer Schärfe die Arbeiterbewegung. Unbesonnenheiten und nutzlose, falsch verstandene Opfer schaden in diesem Augenblick nicht nur dem einzelnen, sondern unserer Sache. Parteigenossen! Wir fordern euch auf, auszuharren in der unerschütterlichen Zuversicht, daß die Zukunft trotz alledem dem völkerverbindenden Sozialismus, der Gerechtigkeit und der Menschlichkeit gehört.«

Kredite, für wen?

Über die Kriegskredite kommt es zu folgendem Dialog zwischen dem Parteivorsitzenden der SPD, Friedrich Ebert, und dem Fraktionsvorsitzenden Hugo Haase.
Haase: »Du willst dem Deutschland der Hohenzollern und der preußischen Junker die Kredite bewilligen?«
Ebert: »Nein, diesem Deutschland nicht. Aber dem Deutschland der schaffenden Arbeit, des sozialen und kulturellen Aufstiegs der Massen. Dieses gilt es zu retten.«
Haase: »Wir, die *Rotten der Menschen, die*

Karikatur von Th. Th. Heine aus dem ›Simplicissimus‹. Links Bismarck, rechts August Bebel.

nicht wert sind, den Namen Deutsche zu tragen, wir, die *vaterlandslosen Gesellen* Wilhelms, die wir nicht einmal eines gerechten Wahlrechts in Preußen würdig sind – wir sollten... nein!«

Ebert: »Wir zeigen durch die Tat, daß wir nicht diese Menschen sind. Es handelt sich um das Wohl des ganzen Volkes. Wir dürfen das Vaterland, wenn es in Not ist, nicht verlassen. Es gilt, Kinder und Frauen zu schützen.«

Einstimmig dafür

4. August: Daraufhin verkündet Haase im Reichstag:
»In der Stunde der Not lassen wir unser Vaterland nicht im Stich.«
Im Reichstag stimmt die SPD-Fraktion einstimmig für die *Kriegskreditvorlage.*

Ein Verräter

5. August: Der Reichstagsabgeordnete der SPD für Metz, Dr. Georg Weill, ist freiwillig in die französische Armee eingetreten (was erst im Dezember in Deutschland bekannt wird).

Diskriminierung

Anfang August sucht eine Waffenfabrik Arbeiter unter Ausschluß von »Sozialdemokraten, Epileptikern und Alkoholikern«. Daraufhin untersagt die Armee die Diskriminierung von Arbeitern, die einer Partei angehören. Auch Konfessionslose begegnen zu Kriegsbeginn ähnlichen Schwierigkeiten.

Der Vorwärts

16. August: Das Verkaufsverbot für das SPD-Parteiblatt *Vorwärts* auf Bahnhöfen wird aufgehoben.
27. September: Das Oberkommando verbietet den *Vorwärts.*
29. September: Die SPD erreicht, daß der *Vorwärts* wieder erscheinen darf, gegen die Zusage, die Themen Klassenhaß und Klassenkampf während des Krieges zu vermeiden.

Keine Sozis

26. November: Aus *Danzers Armeezeitung:*
»Zweifellos gibt es unter den Führern der Sozialdemokratie viele, die wirklich gute Patrioten sind... Aber es muß endlich einmal gesagt werden: Solche Leute sind keine wahren Sozialdemokraten.«

Karl Liebknecht

2. Dezember: Karl Liebknecht stimmt als einziger gegen die 2. *Kriegskreditvorlage* des Reiches.
3. Dezember: Der Vorstand der SPD-Fraktion distanziert sich von Karl Liebknecht, der, als einziger Abgeordneter überhaupt, sich gegen die Bewilligung der Kriegskredite ausgesprochen hat.

In Frankreich

3. August: Die Mehrheitsparteien und die Sozialisten schließen sich angesichts des Krieges zur *Union sacrée* zusammen.

Deutsche Juden im Krieg

Ein Offizier

Zu Beginn des Krieges hat das deutsche Heer nur einen aktiven Offizier jüdischer Abstammung; er entstammt der bekannten Bankiersfamilie Bleichröder.
Im Oktober dienen bereits 150 jüdische Offiziere.

Das alte Heldenblut

1. August: In den deutschen Synagogen wird heute ein Gebet gesprochen, in dem es u. a. heißt:
»Gerade wir Juden wollen zeigen, daß das alte Heldenblut in unsern Adern fließt... Bisher standen wir in unseres Landes Schutz und Schirm, jetzt, da das Vaterland von uns geschützt und geschirmt werden muß, soll es auf uns bauen können.«

Über das Maß

3. August: Der *Verband der Deutschen Juden* und der *Zentralverband deutscher Staatsbürger jüdischen Glaubens* veröffentlichen einen Aufruf, in dem es heißt:

»Daß jeder deutsche Jude zu den Opfern an Gut und Blut bereit ist, die die Pflicht erheischt, ist selbstverständlich... Wir rufen euch auf, über das Maß der Pflicht hinaus eure Kräfte dem Vaterlande zu widmen! Eilet freiwillig zu den Fahnen!«

Die Anerkennung

30. September: Auf Anordnung des Kaisers werden zum jüdischen Versöhnungstag alle Juden aus den Regimentern herausgezogen und erhalten Gelegenheit, in katholischen Kirchen ihren Festtag zu begehen.

Keine Volksgenossen

Trotz des Krieges blüht der Antisemitismus. So ist z. B. im September in den *Briefen zur Judenfrage* zu lesen:
»...lassen wir doch unter keinen Umständen den Glauben bei ihnen aufkommen, daß wir sie jetzt, da sie vielleicht etliche Tausend Soldaten für uns ins Feld stellen und etliche Millionen für Wohltätigkeitszwecke zusammenbringen, für Deutsche, für unsere Volksgenossen halten.«

Wenn die Frau »mannisch« wird

Wir deutschen Frauen...

1. August: »Momentbild Unter den Linden. Abends 11 Uhr. Ein kleines resolutes Persönchen klettert irgendwo hoch... 18 bis 22 Jahre ungefähr. Und fängt an: ›Nun, da das entscheidende Wort gefallen ist, nun, da es uns endlich zur Gewißheit wurde, daß es für unsere deutschen Männer nur noch eine Pflicht gibt, die Pflicht, sich um die Fahne zu scharen, will ich im Namen aller meiner Mitschwestern, die ein für ihr Vaterland schlagendes

Herz in der Brust haben, die Worte aussprechen: Wir deutschen Frauen werden unserem geliebten Herrscher und aller Welt zeigen, daß wir würdig sind, tapfere Männer zu haben...‹«

Keine Modenschau

5. August: Die Münchener Polizei verfügt, daß Frauen keine auffallenden Toiletten mehr tragen dürfen. Diese entsprechen nicht dem Ernst der Lage und erregen Anstoß.

Du herrlicher, deutscher Mann

13. August: Aus dem Leserbrief einer Frau: »Aber du herrlicher, deutscher Mann hast dir Bundesgenossen geworben, Kameraden, die an dir in begeistertem Mut erstarkt sind: deine Schwestern, Germaniens Töchter... Fordert mehr, mehr... Unser Schmuck, unsere Trauringe, sie fliegen euch zu! Schlagt Gold daraus, das dem Vaterland diene! Begeisterung sei unser funkelnder Schmuck, Dürftigkeit unser Stolz...«

Keine Beunruhigung

19. August: In Berlin werden die Soldatenwitwen dazu aufgefordert, Trauer erst im Frieden zu tragen, damit jetzt niemand beunruhigt wird.

Ein Rekord

Den Rekord unter den Soldatenmüttern hält eine Frau in Unterfranken, die 11 Söhne und 1 Enkel im Felde stehen hat.

Feinde verhauen

Eine Frau aus Elbing veröffentlicht das folgende Gedicht:
Auch wir sind Deutsche, schlicht und recht,
Voll Mut und voll Vertrauen;
Auch wir besitzen deutsche Kraft,
Die Feinde zu verhauen.

Drum auf! nehmt uns in eure Reihn,
Wir werden kämpfen und siegen.
Wir zittern und wir zagen nicht,
Wenn rings auch Kugeln fliegen...

Schöner Aufputz

Über die neue Kriegsmode wird folgendes berichtet:

»Die Wiener Frauenmode trägt... den großen politischen und militärischen Vorgängen der Zeit... Rechnung. Besonders bei Blusen... macht sich eine deutsch-österreichische Bündnismode geltend. Da ist zunächst die sogenannte Bündnisbluse, die... aus feldgrauem Tuche hergestellt ist, eine kleine Brusttasche und am Halse einen Stehkragen mit schwarzweißem Vorstoße hat. Dazu gehört eine Krawatte, die ohne Schleife nur aus 2 hängenden Enden besteht. In diese ist der österreichische Adler in Gold und der deutsche in Silber eingestickt. Auch das Eiserne Kreuz, von einem gleichfalls gestickten Blätterkranze eingerahmt, bildet einen sehr schönen Aufputz dieser Krawatten...«

Fernerhin gibt es noch eine Hindenburg-Bluse, eine Beseler-Bluse und eine Hötzendorf-Bluse.

Mit Gott für König und Vaterland

Militärpfarrer

Bei Kriegsbeginn unterstehen dem *Versorgungs- und Justiz-Departement* des Kriegsministeriums 172 Militärpfarrer beider Konfessionen.

Für den Krieg ist für jede Division ein berittener Pfarrer in feldgrauer Uniform ohne Schulterstücke vorgesehen.

Gemeinsame Andacht

2. August: Wilhelm II. an den Kultusminister:
»Ich fordere mein Volk auf, mit mir in gemeinsamer Andacht sich zu vereinigen und mit mir am 5. August einen außerordentlichen, allgemeinen Bettag zu begehen.«

Wozu Glocken gut sind

14. September: Das königliche Konsistorium verfügt:
»Gottes unermeßliche Gnade schenkt dem deutschen Heere Sieg auf Sieg, und des zum Zeichen schmücken sich die Häuser und Hütten in Stadt und Land. Es entspricht dem tiefsten Empfinden unserer Gemeinden, wenn auch von den Türmen unsrer Kirchen die Kunde unsrer Siege hinausgetragen wird durch den ehernen Klang unserer Kirchenglocken.«

Wer mag da zweifeln?

Oktober: Der Reichstagsabgeordnete Pfarrer Immanuel Heyn beschäftigt sich mit der Frage, ob sich die christliche Religion mit dem Krieg verträgt:
»Man will die bekannten Bergpredigtsätze für den unüberbrückbaren Gegensatz von Krieg und Christentum anführen. Man macht dabei den Fehler, einen Satz wie ›Du sollst Deinen Nächsten lieben wie Dich selbst‹ für ein wörtliches Gebot zu nehmen, während es eine ideale Weisung ist… Daß unser augenblicklicher Krieg nun nach diesen christlichen Anschauungen ein sittlicher ist, wer mag da auch nur zweifeln?«

Die Bibel

10. November: Seit Kriegsbeginn sind fast 150000 Exemplare des Neuen Testaments und anderer Bibelteile verteilt worden.

Offene Kirchen 25. November: »Auf Allerhöchsten Wunsch seiner Majestät des Kaisers sollen während der Kriegsdauer die evangelischen Kirchen offengehalten werden, damit die Bevölkerung darin ihre Andacht verrichten kann.«

Große Frömmigkeit Feldgottesdienste werden oft von den Konfessionen gemeinsam abgehalten, wo sich gerade eine Gelegenheit bietet. Es gibt zwar eine deutliche Front zwischen kirchlich und antikirchlich, aber im allgemeinen werden die Gottesdienste gut besucht.

...auch beim Gegner Der Großfürst Nikolaus holt in einer feierlichen Prozession die Ikone von der »Erscheinung der Jungfrau Maria vor dem russischen Heiligen Sergius Radonejaky zur Zeit der Vertreibung der Tataren« in das Hauptquartier ein. Die Ikone begleitet das russische Heer seit Zar Alexander I.

Erste Probleme mit der Kriegswirtschaft

Lebensmittel Bei Kriegsbeginn wird ein Ausfuhrverbot für Lebensmittel erlassen und ein Rahmengesetz über Höchstpreise. Diese Maßnahmen erweisen sich schnell als unzulänglich, um eine gleichmäßige Versorgung der Bevölkerung zu gewährleisten. Anfangs erhöhen sich die Lebensmittelpreise durch Panikkäufe und Hamsterei, bald steigen sie, weil die Ware tatsächlich knapp wird.

Kein Gold mehr 4. August: Die Deutsche Reichsbank wird der Pflicht enthoben, Banknoten jederzeit in Gold einzulösen.

...Wohnung
Zimmer, 2 Balkons, Küche, ...kammer ꝛc., schöne Lage, re...tabel, jährlich 800—900 M. zu ... 2—4 Uhr Leopoldstr. 33/0.

17 Reisingerstr. 17
...mer 20 M., 1 Zim., Küche 18 M. ...mer, Kammer 30 M. zu verm ...u. Elektr. 333'566(5=5

...Stadt=Zentrum
(in besserem Hause)
4 Zimmer,
...mit Balk., helle Kam., Bad, Korridor, Gas, Elekt., 2. Stock, ...mmt. neu hergerichtet, sofort ...bar zu vermieten. 336'186 ...beranger 25/2 a. d. Blumenst.

...chst Maximilianstraße
...ne Zimmer per sofort mit u. ... Pension zu mäß. Preis zu vmt. ...rkleinstr. 2/1 l. 339'163(2=1

...chst d. Hauptbahnhof 339 266
...str. 40, Rgb. 2. St. ist per 1. ...ar Wohnung m. 2 Zimmer m. ...ofen, Speicher u. Keller zu vm ...erfrag im Kontor, Seitenb.*

Augustenstrasse
...eres, helles Zimmer an nur ... Dame bei ruh. Familie per ...n. zu vermieten. 339'258 ...h. Briennerstr. 24a/0 im Ko... ...warengeschäft. 339'258

...eere Zimmer
...herger., vom Hausbesitzer, ...f. u. 1 Jan. zu verm. Elektr., ...Bel. Am Glockenbach 9/1 l. Bdg. ...er Pesenbachstr. 4). 339'146(2=1

..., 5 Zim. n. Bahnhof,
...erger, Bad, Gas, elektr. Licht ...mit Nachlaß zu verm. ... u. K. K. 339'207 a. d. E.

...sehr grosse Zimmer
...ochofen, je 2 Fenster, 3. Stock, ... bis 1. Jan. zu verm. 339'245 ...ierstr. 18...

...Schöne ... ...gas u. ... ...nuar ... ...örresstr. ...
Arn...
...n. mit ...

...Oberlicht, als Werkstätte od. Lager für ruhigen Betrieb Schillerstraße ab 1. Januar billig zu vermieten. Off. unt. W. 338'784 an d. E.

Laden schöner 337' 434 (3=3
Geschäftsstraße, Lindwurmst. 45, zwischen Goetheplatz u. Sendlingertor per 1. Jan. billig zu verm.

Paul Heysestr. 19/1 r. 7861 (2=2
sehr schönes Zim., 2 Fenst. vornh., auch kleines mit Gas, Kamm., leer od. möbl. sehr bill. zu vermieten.

Schöne Wohnung
2 Zimm. u. Küche in schönem Seitenbau an ruhige pünktlich zahlende Partei bis 1. Januar 1915 ev. spät. zu vermieten. Zu sehen von 10 U. bis 4 Uhr Nachmittags. 338'244(2=2 Blumenstr. 39/3 rechts.

2 Zimmer u. Küche,
Bogenhausen, Denningerstraße 7/1 zu verm., nächst der Straßenbahn. Staubfrei, sonn. u. warm 28 M.(2=2

Kl. Laden
mit anstoßendem Zimmer ab 1. Jan. billig zu verm. N Amalienstr. 22/0 Bäckerei Wenzl. 338'292(3=2

Isar-Anlagen
3 Z., K., 2 Kamm., fein vis-à-vis, 1. Januar. Preis 60 M. 337'537(2=2 Humboldtstr. 1.

3 Zimmer mit Küche u. Altane
40 M. bis 1. Januar zu verm. Edlingerstr. 21/2 r. 337'976(2=2

Abgeschlossene Wohnung
3 Zim., Küche, Gas bis 1. Januar zu vermieten. 337'988(2=2 Näh. Nordendstr. 6/1 r.

Pasing 337'755
In einem Hause sind 2 schöne Wohnungen mit je 4 Zim., K., Bad., Küche, Gartenb. per 1. Jan. zu vm. Näheres durch die Exped. (3=2

2 Zimmer, Küche,
abgeschlossen, zu vermieten. Oefelestr. 17/2. 337'713(3=2

...immer mit Kochofen ...pl. 10/0 Café. 639(3=3

...he mit Balk., Gas, l. ... od. 1. Jan. zu verm. ...36, Bäckerlad. 336(3=3

...m. u. Küche

für Grosshandlu...
helle...
mit elektr. L...
sofort oder ...
Anfragen erbeten unter ...

Schönste und bequemste ... prachtvolle Aussicht i...
6 Zimm...
im Part. oder 4. Stock m... Speise, Gas u. elektr. ... per 1. April 1915 zu ve...
Erhardtstr...

Moderne...
ca. ...
mit 4 ...
in verke...
zwischen Stachu...
per sofort od...
Anfragen erbeten unte...

3 Zimme...
Küche, Kammer, Bad, Koch... Leuchtgas usw., mit Nachla... sofort oder später zu verm... Näh. bei Hirschmann, G... straße 15/1, nächst d. Josef...

Schöne Rückgeb.-Wohnu...
1 großes Zimmer, gr. ... Gas, bis 1. Januar zu ver... Augustenstraße 92/1 r.

2 Zimmer, Küche, Kamm... Keller, Speicher, Koch- u. ... gas per 1. Januar zu verm... Näh. Schmellerstr. 30/1.

Untere Weidenstraße ...
...ch. Wohnung 2 gr. Zim. ...

Im Herbst und Winter 1914 gibt es in der Heimat nach anfänglichen Hamsterkäufen noch alles.

besonders geeignete
Räume
u. Zentralheiz.

Steinheilstr. 12/1 l.
3 Zimmer, Küche, Gas, Sp., Kell. bis 1. Januar zu verm. 131568

Ein seit Jahren bestehender
Schweinmetzger-Laden 13509
ist billig zu übernehmen oder zu vermieten. Theresienstr. 49/1 l.

Sehr schöne Wo
Landwehrstraße
Ecke Schillerstr
ganz neu hergeri
Zimmer, ... große

Fische Wild Geflügel

Fische	Wild	Geflügel
Ia Rheinhechte	**Reh**	**Ia röm. Tauben** 1.— bis 1.30
blutfrisch Pfd. -.90	beste Qualität:	**jg. Suppenhennen** 1.50—2.50 (oder per Pfund 1 Mk.)
Renken Pfd. 1.30	Schlegel 1.20 Rücken 1.40	**Brathühner** 1.80—2.50
Felchen Pfd. 1.40	Bug -.90 Ragut -.70	**Pularden** 2.50—3.50
Angelschellfisch Pfd. -.70	**Hasen**	**Kapaunen** 4.— bis 6.—
Cabljau Pfd. -.60	per Stück 2.50—3.80	**Indianen** per Pfd. 1.30 per St. 6—10 Mk.
Merlans Pfd. -.35	Rücken u. Schlegel zus. 2—3.- (auch einzeln zu haben).	**Enten u. Gänse** in jeder Preislage
vorzüglischer Backfisch	**Wildschwein** (Frischling)	**fst. Stopflebern.**
Schollen Pfd. -.70	Ragut -.80 Bug -.90	
Limandes Pfd. 1.30	Schlegel 1.40 Rücken 1.60	
Seezungen Pfd. 2.50	Fasanen 2-2.80, Wildenten 1.80-2.20	
Rheinsalm Pfd. 3.—	Schnepfen 3.50, Halbenten -.80	
Schleien Pfd. 1.50	Krametsvögel à -.60	
Spiegelkarpfen Pfd. 1.10	Perlhühner 2.50-3.-	
Forellen leb. Pfd. 3.20		

Firma Rosa Greiderer

Wild :: Geflügel :: Fische 339,078

Landschaftstr. 1 b. Rathaus. Tel. 21913 u. 23591.

Täglicher Versand! Zuverlässige reelle Lieferung frei Haus.

Corneliusstraße 42
Wohnung mit 4 Zimmer, Alkoven, Küche, Kammer und Gas sofort zu vermieten. 338568

Wohnung
abgeschlossen, 2 Zimm. u. Küche rc. in bess. Rückgeb an kleine Fa-

3. Stock, sonnige Wohnung 4 Zim. Kam., Küche, Gas 71 M. bis 1. Jan. zu vermieten 13:518. 3/1

Herzog Wilhelmstraße 24
(Anlagen) zu vermieten
2 Zimmer-Wohnung, Alkoven, helle Küche, Kammer, Gas rc 13:519

Küche u. Kam. rc.
zu verm. Näh
Nymphenburgerstra

Blutenburgstr
schöne Wohnung i
3 Zimmer, Küche, K
rc. sogleich zu verm

Soziale Probleme

Zwischen Arbeitnehmern und Arbeitgebern wird für die Dauer des Krieges ein *Burgfrieden* geschlossen. Das Reich erkennt diejenigen Gewerkschaften offiziell an, die Arbeitsvermittlung und Wohlfahrtspflege übernehmen. Die Arbeitslosigkeit steigt mit Kriegsbeginn sprunghaft an, sie beträgt im August 22,7%.

In allen kriegführenden Staaten wird der soziale Schutz der Arbeiter weitgehend rückgängig gemacht.

Eingezogene Soldaten erleiden zunächst keinen Verdienstausfall.

Von Mitte des Jahres an bis zu seinem Ende sinkt der Lebensstandard der deutschen Bevölkerung bereits um 20%.

Die Kriegsindustrie

26. September: Die 20 größten Chemiefabriken des Reiches gründen die *Kriegschemikalien AG*. Sie untersteht dem Kriegsministerium und bewirtschaftet alle Rohstoffe. Kurz darauf entsteht die chemische Abteilung des Kriegsministeriums unter Fritz Haber.

Im Kriegsministerium organisiert Walter Rathenau die von ihm ins Leben gerufene Rohstoffabteilung.

In der Heimat

Auch Schlangen

Schon Tage vor Kriegsausbruch beginnen die Menschen in allen betroffenen Ländern, Lebensmittel zu hamstern, das Geld von den Banken abzuheben usw. Das Straßenbild wird nicht nur von begeisterten, singenden Menschen geprägt, sondern genauso auch von langen Schlangen vor Läden und Banken.

Gleichzeitig kommt es zu erheblichen Preiserhöhungen für Lebensmittel.

Urlaub zu Ende

Es ist Urlaubszeit. Nun plötzlich kehren alle Urlauber mit der Bahn zurück, gleichzeitig wird die Bahn aber für den Aufmarsch der Armeen dringend benötigt. So kommt es auf den Bahnhöfen zu einem unübersehbaren Chaos. Bahngepäck wird wochenlang nicht mehr abgefertigt, es türmt sich zu Bergen. Bahnsteigkarten werden nicht mehr ausgegeben, der Verkauf von Alkohol auf Bahnhöfen wird untersagt.

Verkürzte Schule

In vielen Gymnasien kann die Oberprima geschlossen werden: Die Klasse hat sich komplett kriegsfreiwillig gemeldet.
Das bayerische Kriegsministerium schenkt allen Oberprimanern, die im Feld stehen, das Abitur ohne Prüfung.
Da viele Lehrer eingezogen sind, unterrichten nun in Berliner Gymnasien der berühmte Theologe Adolf v. Harnack in Religion und der bekannte Historiker Hans Delbrück in Geschichte.

Einschränkungen

Göttinger Professoren übernehmen die Stellen eingezogener Landbriefträger.
Die Lichtreklame wird durch Polizeiverordnung eingeschränkt.

Kriegsgefangene

Oktober: Die ersten deutschen Kriegsgefangenen treffen in Sibirien ein.
Elsa Brandström geht als Abgeordnete des schwedischen Roten Kreuzes nach Rußland, um dort für die deutschen Kriegsgefangenen zu sorgen.

Hilfswerk Der Amerikaner Herbert Hoover übernimmt die Leitung des Kriegsernährungshilfswerks für Europa.

Schnell noch Viele Soldaten, die ins Feld rücken, heiraten noch schnell vorher, viele uneheliche Kinder kommen auf diese Weise doch noch zu ihrem Vater.

Eine Berliner Phonographenfabrik wirbt damit, die Stimmen der Krieger auf der Walze festzuhalten, bevor sie ins Feld ziehen.

Kulturelles Leben im Kriege

Der Schnellste 8. August: Im *Börsenblatt für den deutschen Buchhandel* zeigt ein Verleger eine Geschichte des Krieges von 1914 in 10 Lieferungen zu je 64 Seiten an.

Frontlektüre Eine Umfrage bei Münchener Buchhändlern ergibt, daß Soldaten, die ins Feld rücken, neben praktischen Büchern das *Neue Testament,* Goethes *Faust* und Nietzsches *Zarathustra* bevorzugen.

Im Louvre In den ersten 3 Kriegswochen werden die weltberühmten Kunstwerke im Louvre eingemottet.

Nietzsche September: In Großbritannien wird für die Lektüre Friedrich Nietzsches geworben. Seine Lehre vom Übermenschen soll Schuld am Krieg sein.

Abbildung rechts: 2. August: Schnell getraut und nun auf dem Weg in die Kaserne.

Sendlingertor - Lichtspiele

Größtes u. modernstes Lichtspielhaus der Residenz

Spielfolge vom 5. mit 11. Dezember

Deutsche Helden

Kriegsdrama in 3 Akten

Von Ragusa nach Cattaro

Aktuelle Naturaufnahme

Julius als Pferdeputzer

Komödie

Neueste Kriegsschau aus Ost und West

in ca. 30 Nummern

Humorist. Satirischer Kriegsbericht

von Kunstmaler Emil Kneiss

Grausame Rache

Amerikanisches Drama

Luni in der Badewanne

Humoristisch

Einlagen:

Regiment List

Abschied von Sr. M. dem König und Ausmarsch aus München

Kraftfahr-Ersatzabteilung

Lazarettzug des Bayerischen Landeshilfverein

Besichtigung durch Se. M. den König

Künstler-Orchester

87)340-964(2-1

Die Kinoprogramme schildern in erster Linie die Kriegsereignisse.

Ein typisches Programm

8. November: Kinoprogramm in Hof/Oberfranken:
Ich kenne keine Parteien mehr; vaterländisches Schauspiel,
Das Opferjahr, Offiziersdrama,
Prinzessinnen-Schicksal,
dazu jeweils die neuesten Kriegsberichte über die Lage in den Kolonien.

Theater geschlossen

Dezember: 106 Theater haben inzwischen ihren Betrieb wieder aufgenommen, 107 bleiben dauernd geschlossen, das Schicksal von 4 Theatern ist noch ungewiß. 7200 Schauspieler sind arbeitslos geworden, davon sind 3000 durch den Gestellungsbefehl »versorgt« worden, 1000 haben den Beruf gewechselt, 3000 fallen der Fürsorge zur Last.

Kriegs-themen

Deutsche Grafik, die den Kriegsbeginn zum Thema hat:
Kriegszeit – Künstlerflugblätter
Otto Dix, *Der Krieg*
Conrad Felixmüller, *Reservistenabschied,* Holzschnitt
Erich Heckel, *Zwei Verwundete,* Holzschnitt
Käthe Kollwitz, *Das Bangen,* Lithographie
Christian Rohlfs, *Der Krieg,* Tempera
Heinrich Zille, *Reservisten zum Bahnhof,* Kohle

Die Zeit im Spiegel der Lyrik

Dem Tod geweiht In diesem Jahr des Kriegsbeginns werden viele Gedichte geschrieben, die prophetisch wirken. Z. B. schreibt der Expressionist Georg Heym unter dem Titel *Marathon* einen Gedichtzyklus, der mit den Zeilen beginnt:
Zehntausend steigen von den Bergen nieder,
Die Blüte Hellas', sich dem Tod zu weihen.

Der Völkermai Der Dramatiker Gerhart Hauptmann schreibt unter dem Titel *O mein Vaterland*:
O mein Vaterland, heiliges Heimatland,
Wie erbleichtest du mit einemmal?
Banger Atem ging durch Feld und Tal,
Bleiern wuchs ringsum der Wolken Wand. –
Und so weiter, 13 Strophen lang, endend mit der Zeile:
Komme, komme, deutscher Völkermai!

Fahnenlied Richard Dehmel dichtet *Deutschlands Fahnenlied,* das mit der Strophe beginnt:
Es zieht eine Fahne vor uns her,
[herrliche Fahne.
Es geht ein Glanz von Gewehr zu Gewehr,
[Glanz um die Fahne.
Es schwebt ein Adler auf ihr voll Ruh,
der rauschte schon unsern Vätern zu:
[hütet die Fahne!

Katastrophen Eine Maria Benemann schreibt:
Herr nun ist's Zeit. Es stehen Katastrophen
Am Horizonte wie erstarrt in Waffen.

Wir vergehn Auch Rudolf Alexander Schröder dichtet ein *Deutsches Lied,* dessen erste Strophe folgendermaßen beginnt:

Heilig Vaterland
In Gefahren.
Deine Söhne stehen,
Dich zu wahren. –
Und das folgendcrmaßen endet:
Sieh uns all entbrannt
Sohn bei Söhnen stehn:
Du sollst bleiben, Land!
Wir vergehn.

Lange geschlafen

Noch einmal Georg Heym, der in diesem Jahr auch sein berühmtes Gedicht *Der Krieg* schreibt:
Aufgestanden ist er, welcher lange schlief...

Mütter weinen

Der junge Bertolt Brecht dichtet unter dem Titel *Moderne Legende,* die mit Berthold Eugen signiert ist:
In der Nacht noch spät
sangen die Telegrafendräht
von den Toten, die auf dem Schlachtfeld ge-
[blieben --
siehe, da ward es still bei Freunden und Fein-
[den.
- -
Nur die Mütter weinten
Hüben – und drüben.

Wie eh und je

21. Dezember: Die *Vossische Zeitung* berichtet, daß der *Goldene Sonntag* in Berlin wie eh und je verlaufen ist. Ganz Berlin hat Geschenke eingekauft, ein Unterschied gegenüber dem Vorjahr war nur in den vielen feldgrauen Uniformen zu bemerken. Weihnachtsbäume sind jedoch außerordentlich knapp, viele Bäume werden zersägt, so daß jeder wenigstens ein paar Zweige erhält.

Amen

Aus dem Großen Hauptquartier wird berichtet:
»Der Kaiser wollte das Fest inmitten der Soldaten begehen.«
Seine Ansprache schließt mit einer Variation der Worte des Großen Kurfürsten:
»In den Staub mit allen Feinden Deutschlands. Amen.«

Erinnerungsfoto für die Soldaten.

Als Weihnachts-Geschenk
ist das passendste
ein Bild der Lieben aus der Heimat.

*387668

Augsburg
Maximilianstr. 1

Erstklassiges Atelier
für vornehme Bilder
BAVARIA
mit billigen Preisen.

München
Schützenstraße 1

10 Visit glanz
von Mk. **1.—** an

Umsonst

10 Visit matt
von Mk. **1.50** an

erhalten Sie als zehntes Bild eine Vergrößerung in kl. Karton 35 ½ × 41 ½ von der eigenen Aufnahme ab Kabinet von Mk. **4.50** an
bei guter Ausführung.
Große Auswahl in Semi-Emaille-Fassungen
Reproduktion, selbst nach den ältesten Bildern **bei billigster Berechnung.**
Nr. 1 Schützenstraße Nr. 1 (am Hauptbahnhof).

Das Fest der Deutschen

25. Dezember: Die *Straßburger Post* schreibt:
»Aus der grauen Vorzeit bis auf den heutigen Tag hat sich an die Weihnacht der Begriff des Friedens und der Liebe geknüpft und sie ist das eigentliche Fest der Deutschen geworden... Mit dem Schicksal, das über uns gekommen ist, ist auch unser weihnachtlicher Festeswille noch höher gewachsen... Die Not, die uns bedrückt, ist eine gemeinsame... Darum ist die Weihnacht, die wir in diesem Jahre begehen, kein Fest der Familie mehr... Die Weihnacht von 1914 ist die hehrste von allen... weil auf die Liebe... alle ein Anrecht besitzen, die in diesen Tagen sich zu unserem Volke bekannt haben.«

Nie!

25. Dezember: Die Wiener *Arbeiter-Zeitung* schreibt hingegen:
»Das Proletariat hat noch nie vom Herzen frohe Weihnachten feiern können.«

Feldkapellenautos

Zu Weihnachten wird das erste von mehreren Feldkapellenautos in Dienst gestellt, die allesamt gespendet sind.

Den Heldentod für's Vaterland starb infolge seiner schweren Verwundung am 21. Dezbr. Abends im Festungslazarett Metz unser vielgeliebter Sohn, Bruder, Schwager, Onkel, Neffe und Vetter A*[354,852

Carl Freiherr von Feilitzsch

Leutnant im 7. Inf.-Regiment
Ritter des Eisernen Kreuzes I. und II. Klasse.

Bayreuth, 22. Dez. 1914.

In tiefstem Schmerze:

Betty Freifrau von Feilitzsch
Wilhelm Freiherr von Feilitzsch
im Namen aller Hinterbliebenen.

Für sein Vaterland fiel am 6. Oktober auf einem Patrouillenritt unser heissgeliebter Sohn, Bruder, Enkel und Neffe *[354,762

Walter Freiherr von Pölnitz

Leutnant im 1. Bad. Leib-Drag.-Regt. Nr. 20

In tiefem Schmerze.

Ludwig Freiherr von Pölnitz, Oberstleutnant im bayer. 8. Feld-Art.-Regt., z. Z. im Felde
Else Freifrau von Pölnitz, geb. v. Thiereck
Gerhard v. Pölnitz.

Typische Todesanzeigen, die am Weihnachtstag veröffentlicht werden.

Gemeindebeamten-Verein München
(E. V.)

Den Heldentod fürs Vaterland starben unsere lieben Mitglieder:

Plersch Robert, städt. Offiziant
Gäßl Heinrich, Berufsfeuerwehrmann
Kroth Jakob, städt. Offiziant
Mayr Anton, städt. Oberassistent
Schlott Georg, Berufsfeuerwehrmann
Seefelder Max, städt. Werkführer
Walter Clemens, städt. Offiziant.

Wir werden den auf dem Felde der Ehre Gebliebenen stets ein treues und ehrendes Andenken bewahren. *354-570.

Die Vorstandschaft des Gemeindebeamten-Vereins München
(E. V.)

Akadem. Gesang-Verein München

Wir erfüllen hiemit die traurige Pflicht, unsere lieben Vereins- und Verbandsangehörigen von dem am 22. Dezember 1914 zu Jena erfolgten Ableben unseres lieben Philisters

Herrn

Walter v. Dall'Armi

Diplom-Ingenieur
(aktiv 1902/03—06)

geziemend in Kenntnis zu setzen. *(354-743

Die Vorstandschaft.
I. A.: Ludwig Grefl, cand. neophil.

Register

Kursive Ziffern weisen auf Abbildungen hin